PORTFOLIO

ATSUSHI KITAGAWARA ARCHITECTS

JOVIS

PORTFOLIO

ATSUSHI KITAGAWARA ARCHITECTS

Aaron Betsky
Marco Imperadori
Masato Kawamukai
Kathrin Sauerwein

Edited by
Falk Jaeger

JOVIS

Alle vorgestellten Projekte sind mit Koordinaten versehen, die es erlauben, die Standorte der Gebäude z.B. über GoogleEarth exakt zu lokalisieren. For all projects presented coordinates are provided allowing the exact localisation of the buildings via GoogleEarth or other applications.

Die Gesamtreihe Portfolio wird herausgegeben von Falk Jaeger The series Portfolio is edited by Falk Jaeger | Umschlagfoto Cover: vorn front Takumi Ota, hinten back Hiroshi Ueda | Zeichnungen Drawings: Atsushi Kitagawara Architects | Renderings: Atsushi Kitagawara Architects mit Ausnahme except for 20 Atsushi Kitagawara Architects + Atelier2, 21 Mitte middle (m.): Atsushi Kitagawara Architects + Thomas Neumann | Fotos Photographs: Atsushi Kitagawara Architects: 13 links left (l.), m. l., 52 unten bottom (u. b.), 126, Futoshi Hoshino: 10 l., 67 oben top (o. t.), Nobori Inoue: 128, 130, 131 rechts right (r.), Mitsuo Matsuoka: 11 m., 46, 47, 48, Anna-Maria Montonen: 134 u. b. r., Manabu Muneishi: 69, T. Nacása & Partners: 38, 39 l., 41 l., r., 103 o. t., Nobuaki Nakagawa: 12 l., Shigeo Ogawa: 11 l., m. l., r., 42, 43, 61, 62, 63, 64, 70, 71 m., m. r., 76 u. b., Shigeru Ohno: 10 m., r., 12 m., 16 l., m. l., 17, 29 r., 34, 37, 39 r., 40, 41 m., 44, 56, 57, 71 l., 73, 76 o. t., 77, 84, 85, 96 m., 103 u. b., 108, 109, 111, 121, Koji Okamoto: 129, 131 l., Takumi Ota: 13 m. r., 26/27, 28, 29 l., 30, 31, 33, 35, 74, 124, 125, 127, Maria Passarelli: 58/59, 138–143, Shinkenchiku-Sha: 13 m., 51, 52 o. t., 53, 54, 55, 67 u. b., 81 u. b., 87 o. t. l., u. b., 91 o. t. l., 97, 98/99, 101, 104, 106, 107, 110, 112, 113, 114/115, 116/117, 119, 120, 123, 132, 133, Hiroshi Ueda: 89, 90, 91 o. t. r., u. b., 92, 94/95, 96 o. t., u. b., 100, Toru Waki: 87 o. t. m., o. t. r., Takeshi Yamagishi: 16 m. r., r., 78, 81 o. t., 82, 83, 86 | Redaktionelle Mitarbeit Co-editing Kathrin Sauerwein | Übersetzung Translation Rachel Hill, Lynne Kolar-Thompson, Stefanie Rupp, Inez Templeton | English proofreading Inez Templeton | Gestaltung und Satz Design and setting jovis, Berlin, Susanne Rösler | Lithografie Lithography Bild1Druck, Berlin | Druck und Bindung Printing and binding GCC Grafisches Centrum Cuno, Calbe | Bibliografische Information der Deutschen Nationalbibliothek Bibliographic information published by Die Deutsche Nationalbibliothek Die Deutsche Nationalbibliothek verzeichnet diese Publikation in der Deutschen Nationalbibliografie; detaillierte bibliografische Daten sind im Internet über http://dnb. d-nb.de abrufbar. Die Deutsche Nationalbibliothek lists this publication in the Deutsche Nationalbibliografie; detailed bibliographic data are available in the Internet at http://dnb.d-nb.de
jovis Verlag GmbH | Kurfürstenstraße 15/16 | 10785 Berlin | www.jovis.de | ISBN 978-3-86859-160-6

INHALT
CONTENTS

VORWORT
PREFACE

Falk Jaeger

Die Affinität zur europäischen Kultur ist in den Kreisen japanischer Architekten nicht selten anzutreffen. In ihren Werken finden sich immer wieder Ergebnisse des Zusammendenkens von abendländischer Poesie, Kunst und Philosophie mit der fernöstlichen Geisteswelt des Konfuzianismus und des Buddhismus. Atsushi Kitagawara ist einer dieser Wanderer zwischen den Welten. Wie ein Schwamm hat er westliche Kultur in sich aufgenommen und verarbeitet, freilich ohne sich auf eine Linie, auf eine Philosophie, auf einen Stil festlegen zu lassen. Fast zwangsläufig wurde er zum Postmodernisten, wobei er seinen Venturi verinnerlichte und den von Charles Moore, Robert Stern und anderen Protagonisten eingeschlagenen Mainstream hin zu plakativen, inhaltsleeren Historismen nicht mitging. Vielmehr sah er in Venturis „Complexity and Contradiction" einen Weg, die Errungenschaften der Postmoderne, nämlich die Überwindung der Sprachlosigkeit und der Atmosphärenarmut der Moderne, über das rasche Abklingen der eklektischen Postmoderne hinwegzuretten.

Seine Methode, den Urformen des Orts nachzuspüren, um sie in den Entwurfsprozess einfließen zu lassen (nicht zu verwechseln mit dem Kontextualismus), ist wohl genuin postmodern und in unseren spätmodern pluralistischen Zeiten, die von Technizismus bis Dynamismus alle denkbaren -ismen nebeneinander sehen, durchaus aktuell. Zumal er mit diesen Urformen, die er in kraftstrotzende, lebendige Räume uminterpretiert, dem derzeit allgegenwärtigen Bedürfnis nach Signifikanz nachzukommen in der Lage ist. Was jedoch nicht die eigentliche Triebfeder seines Handelns ist. Seine Architektur propagiert eine neue Körperlichkeit und Sinnlichkeit, regt die Fantasie an, inspiriert und entzückt alle, die darin wohnen und arbeiten. „Wir hoffen, dass Architektur und urbane Städte Träume und Wünsche hervorrufen", ist sein Credo.

Trotz seiner Erfolge und trotz eines ansehnlichen Werks reiht sich Kitagawara nicht in die Phalanx des internationalen Architektenjetsets ein. Das liegt vor allem an der Heterogenität seines Schaffens. Branding funktioniert damit nicht. Sein Streben gilt nicht einer wiedererkennbaren, mediengängig vermarktbaren Handschrift. Kitagawara lässt und will sich nicht festlegen wie die meisten seiner Architektenkollegen. Nicht typologisch, nicht methodisch und schon gar nicht formal. Das beginnt schon bei den Grundlagen der Raumtheorie. Wo sich andere entweder für die Körperlichkeit des Bauwerks oder für die Raumgenese zwischen den Körpern, sei es im architektonischen oder im städtebaulichen Maßstab, interessieren und entscheiden, arbeitet er mit beidem. Mit den aus den Urformen entwickelten Volumina wie mit den dazwischenliegenden psychologischen Lebens-, Bewegungs- und Lichträumen. Als könne er sich nicht entscheiden zwischen den die europäische Baugeschichte bestimmenden Polen des Nordischen, Expressiven, Mystischen und der südländischen rationalen Körperlichkeit.

Mit seinem Gespür für die Wirkung der Oberflächen steuert er beides, die Atmosphären der Lebensräume, die sich zwischen den Volumina entwickeln, wie auch die Erscheinung der Körper unter dem Licht.

Und die systematische Heterogenität wird zur Komplexität, wenn sie Gegensatzpaare und Widersprüche aus dem gesamten Bauwesen einschließt, bis hin zu den verschiedensten Bautechniken. Wer Kitagawara mit dem Entwurf eines Bauwerks beauftragt, kann vorher nie wissen, was er bekommen wird.

Wenn Kitagawara von seiner europäischen Dependance in Berlin aus an Wettbewerben teilnimmt, etwa für das interkonfessionelle Bet- und Lehrhaus in Berlin oder das Leipziger Freiheits- und Einheitsdenkmal, oder Bauprojekte wie die Thermen im italienischen Comano realisiert, dann weil er nach wie vor die Teilhabe am europäischen Kulturbetrieb sucht und dessen Einflüsse nicht missen möchte.

In Japanese architectural circles, one can often find a certain affinity for European culture. The cross-pollination of western poetry, art, and philosophy with the Far Eastern spiritual world of Confucianism and Buddhism is evident in many of their works. Atsushi Kitagawara is one of these wanderers between worlds. He absorbed Western culture like a sponge and processed it, without adhering to just one direction, philosophy, or style.

Almost inevitably he became a postmodernist, internalizing Venturi and turning away from the mainstream of bold, meaningless historicisms represented by Charles Moore, Robert Stern, and other protagonists. Instead, in Venturi's "Complexity and Contradiction" he saw a way to preserve the achievements of the eclectic postmodern era, namely the overcoming of voicelessness and of the modern era's lack of atmosphere, in the face of its rapid decline.

His method of identifying the original forms of sites and incorporating them into the design process (not to be confused with contextualism) can be considered genuinely postmodern and very relevant in the context of our late modern and pluralistic times, which juxtapose all possible-isms, from technicism to dynamism. Especially as he is able to meet the current ubiquitous demand for meaningfulness by transforming these original forms into powerful, vibrant spaces. However, this is not the actual driving force behind his work. His architecture propagates a new materiality and sensuality, stimulates the imagination, inspires and delights all those who live and work in it. His credo is "We hope that architecture and urban spaces awaken dreams and hopes." Despite his achievements and his impressive portfolio, Kitagawara does not feature among the ranks of the international architectural jet set. This is mainly owing to the heterogeneity of his designs, which precludes branding. His work doesn't represent a recognizable, commercial, or marketable signature. Kitagawara is unwilling to let himself be categorized like most of his architectural colleagues, neither typologically nor methodologically and especially not formally. This applies first of all to spatial theory. While others are interested in and focus on either the corporeality of the building or the spatial formations between the building units, either in an architectural or an urban context, Kitagawara works with both—with the units created from the original forms, as well as with the psychological living spaces in between, with movement and light. It is as if he were unable to decide between the poles of southern rational corporeality on the one hand, and the Nordic, expressive, and mystical characteristics of European architectural history on the other.

With his intuitive feel for the effect of surfaces, he guides both the atmosphere of the living spaces that emerge between the units and the appearance of the units according to the incidence of light.

The systematic heterogeneity becomes complex when it incorporates contrasts and contradictions within the whole, as well as a wide range of construction techniques. Those who commission Kitagawara with a design can never know in advance what they will get.

When Kitagawara, based at his European branch in Berlin, takes part in competitions—for example for the interdenominational House of Prayer and Learning in Berlin, or the Leipzig Monument to Freedom and Unity—or in building projects such as the thermal baths in Comano in Italy, it is because he would like to continue to participate in the European cultural scene and benefit from its influences.

ZU DEN „URSPRÜNGEN“: AUF DER SUCHE NACH EINER ARCHITEKTUR JENSEITS DER ZEITLÄUFTE
TOWARD “ORIGINS”: A CONTINUOUS QUEST FOR ARCHITECTURE BEYOND AGES

Masato Kawamukai

Heterogenität als radikale Kritik an der modernen Zivilisation

Seit seiner Jugend ist Atsushi Kitagawara voller Bewunderung für die europäische Kultur, die er in all ihren Facetten – Philosophie, Literatur, Musik und Theater – in sich aufgenommen hat. Besonders beeindruckt und beeinflusst haben ihn Stéphane Mallarmé, Marcel Duchamp, Walter Benjamin und Georges Bataille. Auf ähnliche Weise wie diese strebt Kitagawara mittels seiner heterogenen Architektur eine radikale Kritik an der modernen, geradezu gewaltsam vereinheitlichenden Zivilisation an, um die Menschen von der Last zu befreien, die diese ihnen auferlegt hat. Er hat Räume und Gebäude geschaffen, die eine heterogene Welt offenbaren und heterogene Elemente einander gegenüberstellen: Ost und West, Vergangenheit und Zukunft, Geist und Materie, ja, sogar Eros und Thanatos koexistieren hier in einem raffinierten Gleichgewicht. Das Besondere an Kitagawaras „Heterogenität“ ist, dass sie nicht eindimensional ist, also auf bestimmten Materialien, Formen und Stilen basiert. Vielmehr entsteht eine gewisse Multidimensionalität dadurch, dass verschiedene Epochen und Räume miteinander in Beziehung gesetzt werden. Im kunstgeschichtlichen Kontext erinnert sie nicht nur an das Werk Marcel Duchamps, sondern auch an das plastische Schaffen Isamu Noguchis.

Es überrascht nicht, dass Atsushi Kitagawara im Westen durch das Bühnenbild zu *One of a Kind* bekannt wurde, ein von Jiří Kylián choreografiertes Tanztheater. In den Jahren 1998 bis 2008 wurde das Stück am Nederlands Dans Theater, im Palais Garnier in Paris und im Lincoln Center for the Performing Arts in New York mit sensationellem Erfolg aufgeführt. Wie bei Karl Friedrich Schinkel treten auch bei Kitagawara die radikale Kritik an der modernen Gesellschaft und der Versuch, eine ideale Welt in reiner Form darzustellen, in seinem Bühnenbild noch deutlicher zutage als in seiner Architektur. Für *One of a Kind* wurde Kitagawara, der in Japan schon unzählige Auszeichnungen für seine Architektur erhalten hat, im Jahr 2000 der Bessie Award (offiziell: New York Dance and Performance Award) verliehen.

In Tokio als Architekt und Professor der Architektur an der Tokyo University of Fine Arts and Music (der traditionsreichen japanischen Kunstakademie) tätig, gründet Kitagawara gleichzeitig ein Architekturbüro in Berlin, um in Europa leben und arbeiten zu können. Da es ihm nicht genügt, die von ihm so geschätzte europäische Kultur von Japan aus zu bewundern, möchte er mit seinem japanischen Architekturansatz selbst zu ihr beitragen.

Zu den Ursprüngen – die Suche nach lebendigen architektonischen Räumen

Kitagawara genügt es nicht, lediglich Technologien oder Informationen zusammenzustellen, um ein Projekt zu beginnen oder ein Buch herauszugeben. Er benötigt ein von innen kommendes Leitmotiv, das das Projekt durchdringt. Er kann erst dann mit der Arbeit beginnen, wenn dieses sich ihm offenbart hat.

Überdies beinhalten seine architektonischen Entwürfe stets mehrere Leitmotive, die sich in jeweils eigenständigen Prozessen entwickeln. Diese Prozesse ließen sich als „Metamorphose jedes einzelnen Motivs“ beschreiben.

Jedes der Motive hat seine eigene Charakteristik, was bedeutet, dass sie nicht unbedingt harmonieren. Der Versuch, diese Motive in eine Einheit zu zwingen, würde die Gegensätze und Widersprüche deutlich zutage treten lassen. Sie könnten zwar in einen gewissen Einklang gebracht, aber niemals vollkommen aufgehoben werden. Die „Heterogenität“ der Architektur Kitagawaras beinhaltet solche Gegensätze und Widersprüche und manifestiert sich als etwas, das Robert Venturi als „ein kompliziertes Ganzes“[1] bezeichnet hat.

Diese elementaren Motive sind in Kitagawaras Arbeiten direkt mit der Form verknüpft. Die Reflexion über die Bedeutung der Motive/Formen in einer bestimmten Zeit und einem bestimmten Raum führt zu Modifikationen derselben. Insofern könnte man das vor jeder Modifikation existierende Grundmotiv – die Knospe des Motivs – als *Urmotiv* bezeichnen, folglich wäre die Grundform die *Urform*.

Heterogeneity, A Radical Critique of Modern Civilization

Since his youth, Atsushi Kitagawara has deeply loved European culture and has absorbed its philosophy, literature, music, and theatrical arts. He especially admires Stéphane Mallarmé, Marcel Duchamp, Walter Benjamin, and Georges Bataille, who have all influenced his work. Similar to these figures, through his heterogeneous architecture, Kitagawara has worked to radically criticize modern civilization—which violently homogenizes everything—and to release human beings from the burdens that it places on them. He has created spaces and buildings that manifest a heterogeneous world, in which heterogeneous elements are brought into opposition: East and West, past and present, spirit and matter, even Eros and Thanatos coexist in a subtle balance here. Kitagawara's "heterogeneity" is particular in that it is not one-dimensional (i.e., one created out of materials, forms, and styles) but rather multi-dimensional, in which different times and spaces are brought into contact with each other. In the history of plastic arts, this places Kitagawara close not only to the world of Marcel Duchamp, but also to that of Isamu Noguchi.

It is no wonder that Atsushi Kitagawara has come to be widely known in the Western world through the stage design of *One of a Kind*, a dance performance choreographed by Jiři Kylián. From 1998–2008, the performance toured the Nederlands Dans Theater, Palais Garnier in Paris, and Lincoln Center for the Performing Arts in New York, and caused a great sensation. Like Karl Friedrich Schinkel, Kitagawara's stage design is more intelligible than his architecture in its attempt to present a radical critique of contemporary society and to show an ideal world in a pure way. Kitagawara, who had already been recognized many times in Japan for his architecture, received the Bessie Award (formally, New York Dance and Performance Award) for *One of a Kind* in 2000.

While continuing to work in Tokyo and to teach as a professor of architecture at Tokyo University of Fine Arts and Music (the traditional art academy of Japan), Kitagawara is also setting up his architectural office in Berlin, and trying to live and base himself in Europe. Unsatisfied with merely appreciating his beloved European culture from Japan, he is striving to contribute to it as a Japanese architect.

Toward Ursprünge (Origins), Searching for Living Architectural Space

For Kitagawara, merely arranging techniques and information is not enough to start a project or publish a book. He needs an inner, original motif that permeates the project, and he only begins once he has attained it.

Furthermore, the architectural works he designs always contain several original motifs that develop following their specific processes. These processes could be described as "the metamorphosis of each motif."

Each motif has its own characteristic, which means that they do not combine easily with each other. Attempting to combine these motifs into a single entity would plainly expose the oppositions and inconsistencies between them: they could be reconciled, but never fully eliminated. The "heterogeneity" of Kitagawara's architecture contains such oppositions and inconsistencies, and embodies something that Robert Venturi has called "a difficult whole."[1]

These fundamental motifs are directly linked to the forms of Kitagawara's works, and through reflections on their position in a specific time and space, the motifs/forms undergo modifications. In this sense, the original motif before any modification—the bud of the motif—could be described as an *Urmotiv*, while the original form could be called an *Urform*.

Kitagawara carefully considers the history and culture of each site on which he constructs a project. He regards the *Urmotiv/Urform* as something deeply rooted in the site, indeed born from

Kitagawara setzt sich intensiv mit der Geschichte und Kultur jedes seiner Baugrundstücke auseinander. Er betrachtet das *Urmotiv*, die *Urform* als etwas tief im Baugelände Verwurzeltes, ja tatsächlich dem Ort Entspringendes. Diese Wertschätzung der Geschichte und Kultur bedeutet jedoch nicht, dass er einen historischen Stil wiederherstellen oder imitieren möchte: Ein solches Vorhaben würde nämlich nicht einmal unter Zuhilfenahme akademischer Präzision und renommierter japanischer Handwerkskunst die für Kitagawara typischen, vor organischer Vitalität strotzenden Formen und Räume hervorbringen.

Geboren 1951, hatte Kitagawara in den 1980er Jahren ein spektakuläres Debüt als junger Vorreiter der postmodernen Architektur. Seine Frühreife zeigte sich auch in der Tatsache, dass er schon damals begriff, wie problematisch dieser architektonische Ansatz war. werden, sondern die Art und Weise, in der man die Architektur, die in der Moderne zur schieren Hülle geworden war, mit organischen Formen und Räumen voller Lebenskraft wieder beleben könnte.

Kitagawaras Bruch mit der Moderne, den man als Dritten Weg der Postmoderne bezeichnen könnte, bestand darin, dass er Moderne und Mittelalter quasi „übersprang", um stattdessen an die „Frühzeit" oder, genauer gesagt, den *Ursprung* regionaler Geschichte anzuknüpfen. Da seine Architektur die besonderen *Formen* des Baugrundes sichtbar machen soll, möchte Kitagawara diese Formen an *Urformen* orientieren, die noch keinerlei die Lebenskräfte raubenden Metamorphosen unterworfen worden sind.

Wie bereits erwähnt, ist es ihm wichtig, nicht die Natur oder vergangene architektonische Stile auf objektive, präzise Weise zu

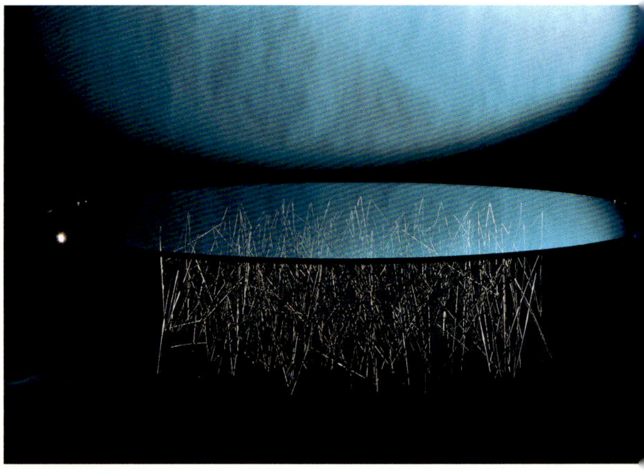

BÜHNENBILD STAGE SET DESIGN *ONE OF A KIND* (1998, 2008) REGAL SHELF *VERDI* (1988) TISCH TABLE *GOLDBERG* (1988)

Die Postmoderne zeichnete sich durch die Kritik an der bis zu den 1980er Jahren dominanten Moderne aus, die abstrakte und geometrische Formen auf beliebige Weise kombiniert hatte. Die Postmoderne hingegen manipulierte historische Stile auf willkürliche Weise und schuf so eine Verwirrung der Formen, die an den Turmbau zu Babel erinnert. Gleichzeitig stellte die Postmoderne historische Stile werkgetreu wieder her, wobei sie jede Willkür zugunsten akademischer Präzision ausschloss und so eine Art „Architektur der Vergangenheit" schuf, die jegliche Verbindung zum Lebensgefühl der Gegenwart vermissen ließ.

Aus dieser Situation heraus entwickelte Kitagawara, ein echter Vertreter der Postmoderne, den Schlüssel zur nächsten architektonischen Epoche. Nicht die Formensprache musste hinterfragt imitieren, sondern Formen und Räume zu schaffen, aus denen lebendige architektonische Elemente entstehen, die tief im Ort verwurzelt sind. Die Formen und Räume seiner Architektur sind keine Mimese dessen, was wir unmittelbar wahrnehmen können.

Metamorphosen der Urmotive/Urformen

Es ist schwierig zu erklären, woher die Elemente stammen, aus denen Kitagawaras Architektur sich zusammensetzt. Deshalb waren viele Kritiker der Ansicht, auch seine Architektur sei schwierig zu erklären.

Dabei könnte man einfach sagen, dass diese Elemente aus einer ursprünglichen Quelle stammen. Anders formuliert, entstammen sie nicht einem bestimmten Transformationsprozess oder einer

that place. For him, cherishing history and culture does not imply restoring or replicating a historical style: even with the aid of academic precision and renowned Japanese craftmanship, such an undertaking would not bring a form or space overflowing with organic vitality.

Born in 1951, Kitagawara made a spectacular debut as a young standard-bearer in postmodern architecture in the nineteen-eighties. His precociousness is illustrated by the fact that, at the time of his debut, he already clearly understood the nature of this problem.

Postmodernism came to the fore by criticizing modernism—dominant before the nineteen-eighties—which manipulated abstract and geometric forms in an arbitrary manner. Postmodernism, in turn, has arbitrarily manipulated historical styles, might be called the third way of postmodernism, was to ignore so-called modern or medieval ages and instead go back to the "ancient" or, to put it more precisely, the *Ursprung* (origin) of local history. If his architecture visualizes the specific *Formen* (forms) of the site, Kitagawara believes that these forms should be *Urformen* (original forms) themselves, not the forms that have already undergone a series of vitality-sapping metamorphoses.

As previously mentioned, what is important for him is to make forms and spaces that constitute living architectural elements deeply rooted in the site, not to mimic nature or past architectural styles in an objective, precise manner. The forms and spaces of his architecture are not direct copies of what is visible in front of our eyes.

SANTO HEADQUARTERS (1991) SAPPHO (1991) MESA (1988) SCALA (1992) METROTRISTAN (1991)

introducing a confusion of forms almost in the manner of the Tower of Babel. At the same time, postmodernism restored historical styles in a faithful manner, excluding any arbitrariness in favor of an academic precision, thus forming a kind of "architecture of the past," which lacked any connection to the feeling of the present time.

Amid this situation, Kitagawara, a genuine postmodernist, precisely understood the key to open up the next generation of architecture. What needed to be questioned was not the kind of formal language to choose, but rather what to do in order to bring back the vital power of organic forms and space into an architecture that had become a mere shell in the modernist era.

The way Kitagawara chose to break with modernism, which

Metamorphoses of Urmotive/Urformen

It is difficult to explain where the elements that constitute Kitagawara's architecture derive from; this has led many critics to say that his architecture is difficult to explain. In short, however, the elements derive from an origin. In other words, they do not derive from a specific process of transformation or from a specific time, but rather from something that persists in a particular location throughout the course of time. Using a term proposed by Goethe more than two hundred years ago, these phenomena could be called *Urphänomene*, in the sense that they transcend each stage of development brought about by metamorphosis. Nature is merely a collection of unsorted empirical phenomena, yet if we observe it closely and with

bestimmten Epoche, sondern etwas, das an einem bestimmten Ort durch die Zeiten hindurch existiert. Um einen von Goethe vor mehr als 200 Jahren geprägten Begriff zu verwenden, könnte man dieses Phänomen als *Urphänomen* bezeichnen, das jedes Entwicklungsstadium, das durch Metamorphosen herbeigeführt wird, transzendiert. Die Natur ist lediglich eine Ansammlung ungeordneter, empirischer Phänomene, wenn wir sie jedoch genau und rein intuitiv untersuchen, stellen wir fest, dass universelle und einfache Phänomene sich auf lebendige Weise manifestieren. Dies bezeichnete Goethe als *Urphänomen*.[2]

Kitagawara beschreibt das Einfache, aber Universelle, Lebensstrotzende, das in den ungeordneten empirischen Phänomenen auftritt, als „genius loci“ oder „DNA“, was Goethes Begriff des *Urphänomens* sehr nahekommt:

Kitagawara beschreibt das Projekt folgendermaßen:

„Das Grundstück in Comano ist momentan lediglich eine grüne Wiese mit kleinen Baumgruppen. Ich war mir jedoch sicher, dass dort einmal ein Wald gewesen sein muss. Um den Wald wieder einzubringen, habe ich ein riesiges Dach über dem Hang platziert, durch das das Sonnenlicht wie durch die Bäume eines Waldes gefiltert wird. In der Gegend von Comano sind die Straßen und Böschungsmauern so an die Topografie angepasst, dass die Hänge wie Terrassenfelder aussehen. Die traditionellen Häuser dort zeigen eine recht einfache Konstruktion, in der ein hölzernes Dachgeschoss auf Steinmauern ruht. Also habe ich das neue Wellness Center nach dem Vorbild der traditionellen Häuser entworfen. In meinem Entwurf lasse ich die geografischen Eigenheiten des Grundstücks so intakt wie möglich und

SHIRANUHI BIBLIOTHEK UND KUNSTMUSEUM SHIRANUHI LIBRARY AND ART MUSEUM GEWERBEGEBIET ARIA INDUSTRIAL PARK ARIA GEWERBEGEBIET ARIA: ZEICHNUNG MASTERPLAN INDUSTRIAL PARK ARIA: MASTERPLAN DRAWING KUMANO SCHREIN RASTPAVILLON: MODELL DES HOLZGITTERTRAGWERKES

„Wenn ich einen Architekturentwurf beginne, versuche ich zunächst, das Charakteristische, Spezifische der Kultur und Geschichte des Grundstücks so präzise wie möglich zu analysieren, um so etwas wie den ‚genius loci‘ oder die ‚DNA‘ des Ortes aufzufinden. Auf ähnliche Weise beschäftige ich mich eingehend mit den recht unterschiedlich geäußerten Wünschen des Bauherrn, um herauszubekommen, was er wirklich möchte. Als Basis für den Entwurf untersuche ich auch das Bauprogramm, das ich manchmal wieder und wieder entwirre und neu ordne, um klarzustellen, wie das grundlegende Programm letztlich aussehen sollte.“[3]

Für das Projekt des Wellness Centers Terme di Comano zum Beispiel dienen ein lebendiges „Dorf“ und ein riesiges Dach als *Urmotive/Urformen*.

platziere eine dorfähnliche Raumstruktur unter einem riesigen Dach.“[4]

Das Bild des riesigen Dachs mit einem darunterliegenden „Dorf“ erinnert an Big Palette Fukushima, ein Ausstellungs- und Konferenzzentrum, das 1998 in Koriyama (Präfektur Fukushima) realisiert wurde. Über dieses Projekt hat Kitagawara ein interessantes Essay mit dem Titel „Porous Water“ geschrieben.[5] Dort beschreibt er, wie die Gegend durch den 1879 von dem niederländischen Bauingenieur Johannes van Dorn entworfenen Asaka-Kanal mit dem lebenswichtigen Wasser aus dem Inawashiro-See versorgt wird. So mag es überraschen, dass Kitagawaras *Urmotiv/Urform* für dieses Projekt nur ein „Wassertropfen“ ist. Dieser nährende Tropfen wird zu einem „eiförmigen Inkubator“, der zu „einem

our pure intuition, universal and simple phenomena manifest themselves in a lively way. This is the phenomenon that Goethe called *Urphänomen*.[2]

Kitagawara himself describes the simple but universal and lively organic beings, which appear in the unsorted empirical phenomena, by using terms such as "genius loci" or "DNA" in the same way that Goethe used *Urphänomen*:

"When designing architecture, at first, I try to analyze the characteristic and specific property of the site's culture and history as meticulously as possible, to discover something like the 'genius loci' or 'DNA' of the site. Similarly, I deeply consider the client's requests, which are expressed in various ways, to figure out what the client truly wants. I also examine the program written as conditions for designing, and sometimes disentangle and reconstruct it many times to make clear what the original program truly is."[3]

For example, in the case of the Terme di Comano Wellness Center, a lively "village" and huge roof are its *Urmotive/Urformen*. Kitagawara describes the project as follows:

"The site of Comano is at present a mere green field dotted with small woods. However, I had a strong feeling that the site must have been a forest in the past. In order to bring back the forest again, I put a huge roof over the slope, through which sunshine comes down as if it were filtered by trees in a forest. In the Comano district, the roads and retaining stone walls are built along contours, and the slopes are like terraced farms. Traditional houses are built with wooden frames on top of piled-up stones, in quite a simple and comprehensible way. So, I designed the new wellness center following the design of traditional houses. In my plan, I keep the geographic features of the site intact as much as possible, and put a village-like spatial structure under a huge roof."[4]

The image of a huge roof and a "village" underneath it is close to that of the Big Palette Fukushima, an exhibition and conference hall complex, built in Koriyama City (Fukushima Prefecture) in 1998. Kitagawara wrote an interesting essay on this project entitled "Porous Water."[5] According to the essay, the Asaka Canal, designed by Dutch civil engineer Cornelis Johannes van Doorn in 1879, brings water from Lake Inawashiro; this water, in turn, has been vital to the lives of local people. It may be surprising to hear that Kitagawara's *Urmotiv/Urform* of the project was "a water drop." This nurturing drop becomes an "egg shaped incubator," which then metamorphoses into "a complex of various organs." Similar to the Comano Project, a huge roof called "Mother Roof" covers the whole complex. Kitagawara explains "a water drop" as follows:

"I thought about a single drop of water, not a massive amount of water flowing through the canal. Water changes its shape in any kind of vessel. It erodes and makes space by its means. Water moves freely, no matter where it is. In my design, I had an image of this freedom, and I thought to give visitors a similar sense of liberty."[6]

Kitagawara regards this "complex of various organs" not as a living organism, but rather as a "spatial machine equipped with

KUMANO SHRINE REST PAVILION: MODEL OF THE WOODEN LATTICE STRUCTURE JAPANISCHER PAVILLON FÜR DIE EXPO 2015 IN MAILAND: MODELL DES HOLZGITTERTRAGWERKES JAPANESE PAVILION FOR THE EXPO 2015 IN MILANO: MODEL OF THE WOODEN LATTICE STRUCTURE KAISHO NO MORI AUSSICHTSPAVILLON KAISHO NO MORI OBSERVATORY INARIYAMA SONDERSCHULE INARIYAMA SPECIAL EDUCATION SCHOOL KAISHO NO MORI AUSSICHTSPAVILLON KAISHO NO MORI OBSERVATORY

Komplex aus verschiedenen Organen" wird. Ähnlich wie beim Comano-Projekt überspannt auch hier ein als „Mutterdach" bezeichnetes riesiges Dach den Komplex. Kitagawara erklärt den „Wassertropfen" folgendermaßen:

„Ich musste an einen einzelnen Wassertropfen denken, nicht an eine riesige Menge von Wasser, das durch den Kanal strömt. Wasser ändert seine Form je nach dem Behältnis, in dem es sich befindet. Es höhlt das Land aus und bahnt sich so seinen Weg. Wasser bewegt sich frei, egal wo es sich befindet. Bei meinem Entwurf hatte ich dieses Bild von Ungebundenheit im Hinterkopf und wollte den Besuchern ein ähnliches Gefühl der Freiheit vermitteln."[6]

Kitagawara betrachtet diesen „Komplex aus verschiedenen Organen" nicht als einen lebenden Organismus, sondern eher als eine „Raummaschine mit Kühlmechanismus", da Koriyama kein ländlicher Ort ist, sondern eine Industriestadt, die sich dank der Wasserversorgung durch den Kanal entwickeln konnte. Gleichzeitig nutzte er die Strategie der Gegenschattierung, eine verblüffende Camouflage-Technik, mit der Tiere sich ihrer Umgebung anpassen, wodurch die riesige Raummaschine ihren prägnanten porösen Charakter mit den vielen winzigen „Zwischenräumen" erhielt. Die unzähligen „Zwischenräume" ermöglichen den freien Austausch von Luft, Wasser, Blicken und Körpern zwischen dem Innen und Außen des Gebäudes. So erklärt Kitagawara Raum, Struktur und Konstruktion der Big Palette Fukushima:

„Das riesige Dach der Big Palette Fukushima kann in seiner Gänze nur aus der Vogelperspektive erfasst werden, aus einer menschlichen Perspektive kann man das Gebäude in seiner Gesamtheit nicht begreifen, egal wo man steht. Das Gebäude ist eine Assemblage aus vielen heterogenen „Körpern", sodass eine ganze Reihe von Zwischenräumen entsteht. Wie in eine tief unter der Erde liegende Höhle fällt das Sonnenlicht in diese Zwischenräume, in die von beiden Seiten wiederum verschiedene „Körper" hineinragen. Wände, Böden und Decken sind als separate Einheiten entworfen, um den Besuchern das Gefühl zu geben, dass Sonnenlicht, Luft und Blicke frei durch jeden Zwischenraum fluktuieren können. Während der Raum recht komplex ist, sind Struktur und Regeln der Konstruktion einfach organisiert. Ich habe versucht, dem Bauunternehmen die Konstruktion und die Betriebsabläufe so leicht verständlich wie möglich zu machen."[7]

Auf seiner „Suche nach den Ursprüngen" geht Kitagawara beim Entwurf für die Nakamura Keith Haring Collection (2007) auf die Jomon-Zeit in der Vorgeschichte Japans zurück. Die beiden Zeichen, aus denen das Wort *Jomon* besteht, beziehen sich auf die Muster (*mon*) aus Strohschnüren (*jo*), die man auf der Keramik dieser Epoche gefunden hat, die von 12.000 bis ins zweite Jahrhundert vor Christus andauerte. Die Jomon-Zeit war eine Kultur der Sammler und Jäger und in der Geschichte Japans verortet man in dieser Epoche den „Ursprung der Künste". Ihr Stil zeichnet sich durch primitive, kraftvolle Formen aus. Für Kitagawara bietet diese Epoche das Leitmotiv seines Projekts, da das Museum sich auf einem Gelände befindet, auf dem die Jomon-Kultur vor ungefähr 7000 Jahren eine Blüte erlebte – ein 1000 Meter über dem Meeresspiegel liegender, herrlicher Wald am Südhang des vulkanischen Yatsugatake-Gebirges. Über die Menschen der Jomon-Zeit schreibt Kitagawara:

„Ich stellte mir vor, dass die Natur die Menschen der Jomon-Zeit in Verwunderung, Angst und Furcht versetzt haben muss. Fackeln waren die einzige Lichtquelle und die Menschen fürchteten die Dunkelheit, wenn sie in den Wald gingen. Unter dem hellen, klaren Himmel fühlten sie sich erleichtert, so wie wir es heute noch empfinden. Bei der Entwurfsarbeit für das Projekt habe ich mir die Gefühle der Menschen der Jomon-Zeit vergegenwärtigt."[8]

Erst nach langer Suche fanden der Architekt und der Bauherr, die sowohl die Menschen der Jomon-Zeit als auch Keith Haring mit „Primitivismus" konnotieren, das passende Baugrundstück. Keith Haring regte Kitagawara zu folgenden Gedanken an:

„Keith Haring ist jung gestorben, aber seine Arbeiten waren innovativ und vielfältig. Ich bin mir nicht sicher, ob er die japanische Jomon-Kultur gekannt hat, glaube aber, dass er sich für den Primitivismus, der der menschlichen Natur zugrunde liegt, interessiert hat. Ich bin der Meinung, dass der spirituelle Charakter der Menschen der Jomon-Zeit mit dem von Haring so intensiv ergründeten Primitivismus der menschlichen Natur zusammenhängt.

Die Arbeiten von Keith Haring sind voller Pop und Komik, gleichzeitig ist seine Kunst aber recht ernsthaft. Soziale Verunsicherung und Angst, Absurdität und Wahnsinn, Würde und die Fragilität des Lebens, eine ernste, bodenlos dunkle Welt: all dies findet sich in seinen Werken.

Nachdem die Besucher die Tür zu dieser Dunkelheit geöffnet und diese tiefe Finsternis erlebt haben, steigen sie allmählich wieder hinauf, um in die warme, sonnenerfüllte Außenwelt zurückzukehren. Den Entwurf zu der Nakamura Keith Haring Collection habe ich in der Absicht geschaffen, den Weg der Besucher auf solch kühne Art zu lenken."[9]

In diesem Projekt entstehen in dramatischer Abfolge Welten, die – typisch für Kitagawaras Architektur – durch vollkommen unter-

a cooling mechanism"—because Koriyama is not a rural city, but a modern industrial one developed by utilizing the canal's water. At the same time, by utilizing a kind of countershading strategy, a delicate technique that animals use to camouflage themselves into the environment, this huge spatial machine attained an articulated and porous expression with many minute openings. The countless openings enable a free exchange of air, water, gazes, and bodies between the inside and outside of the building. Here, Kitagawara explains the space, structure, and construction of the Big Palette Fukushima:

"The huge roof of the Big Palette Fukushima as a whole can be seen from a bird's-eye view, but no matter where you're standing, you can't comprehend the totality of the building from a human perspective. The building is an assemblage of many heterogeneous "volumes," so that it is full of interstices. In the interstices, like in a cave deep underground, sunlight falls from above and various "volumes" extend from both sides. I designed walls, floors, and ceilings separated with the intent to make the visitors feel that sunlight, air, and gazes come and go freely through every interstice. While the space is quite complex, the structure and rules of the construction are arranged in a simple way. I tried to make it especially easy for the contractor to comprehend the structure and operating procedures."[7]

In the design of the Nakamura Keith Haring Collection (2007), Kitagawara's "search for origins" traces back to the Jomon period, Japan's prehistoric age. The two characters that make up the word *Jomon* refer to the patterns (*mon*) of straw rope (*jo*) found on pottery of the age, which dates from 12,000 BC to the second century BC. The economy of the Jomon period was based on hunting and foraging, and in the history of Japan, the period is considered to be that of the "origin of arts." Its style is characterized by primitive, energetic forms. Kitagawara regarded this period as the origin of the project because the museum is located on a site where Jomon culture flourished about 7,000 years ago—a beautiful forest on the sunny southern slope the volcanic Yatsugatake Mountains, 1,000 meters above sea level. Kitagawara writes of the people of the Jomon period:

"I imagined that people who lived there in the Jomon period surely had feelings of wonder, fear, and anxiety toward nature. Torches were the only source of light, and people were fearful of darkness when they went into the forest. They felt refreshed under the clear bright sky, as we do even today. I designed the space imagining the sensitivity of people in the Jomon period."[8]

The architect and the client—who felt "primitivism" in both the people of the Jomon age and the work of Keith Haring—found this site after a long search. Kitagawara has reflected on Keith Haring as follows:

"Keith Haring died young, but his achievements were innovative and varied. I'm not sure whether he knew the Jomon culture of Japan, but I think he approached the primitiveness that lies in human nature. I believe that the spiritual nature of people in the Jomon age is connected with the primitiveness of human nature that he explored so deeply.

The works of Keith Haring have pop and humorous qualities, but the nature of his art is also quite serious. Social anxiety and fear, absurdity and madness of human beings, dignity and fragility of life and a serious, bottomless dark world: all of these lie in his work. Opening the door into that darkness, and after experiencing the world of that deep darkness, visitors gradually go upward and return to the warm, sunny, outside world. On designing the Nakamura Keith Haring Collection, I made the space with the intention to direct the visitors' route in such a bold way."[9]

In this project, worlds dominated by completely different times and spaces—as is characteristic of Kitagawara's architecture—develop dramatically one after another. In order to trace the inner world of Keith Haring, the entire exhibition space was conceived as a *path* through which visitors trace a world of dense thought. The *Weg* (path) is thoroughly separated from the beautiful nature and sunlight outside. Passing through the space, light and darkness take turns in a dramatic way. By tracing the *Weg*, visitors enter into a world of darkness, pass through it and return to the world of light again. When you enter the exhibition space, there is a "descending approach" leading to a space of darkness. After going through the room of "darkness," a room "with a blue door," and a room "toward hope," visitors reach the sunny sky terrace, which commands a splendid view of the southern Japanese Alps.

Still, it was difficult to make visitors experience the inner world of Keith Haring, full of contradictions and confrontations, through only "architectural" means. Here, Kitagawara showed his talent as a "stage artist," well acquainted with various artistic fields. He chose young collaborators—a curator, composer, film director, and designer all in their twenties—so that techniques of music and moving images could be included in the project. Kitagawara himself wove countless metaphors into

schiedliche Zeiten und Räume geprägt sind. Um Keith Harings innere Welt erlebbar zu machen, wurde das ganze Ausstellungsgebäude als Weg angelegt, auf dem die Besucher eine intensive Gedankenwelt durchqueren können. Der *Weg* grenzt sich eindeutig von der schönen Natur und dem Sonnenlicht des Außen ab. Beim Gang durch das Gebäude wechseln sich Licht und Dunkelheit dramatisch ab. Über den *Weg* betreten die Besucher eine Welt der Dunkelheit, um dann wieder in die Welt des Lichts zurückzukehren. Wenn man das Ausstellungsgebäude betreten hat, führt ein Zugang tief hinab in einen Raum der Dunkelheit. Nachdem der Besucher den Raum der „Dunkelheit", einen Raum „mit einer blauen Tür" und einen Raum „der Hoffnung entgegen" passiert hat, erreicht er eine sonnige Dachterrasse, von der aus er einen fantastischen Blick auf die südlichen japanischen Alpen hat. Anlieferung von Kunstwerken dient, sondern auch eine Metapher für das Meer oder den Ursprung ist, das fruchtbare Meer, aus dem Haring ein Werk nach dem anderen schöpfte. Außer dieser Tür gibt es noch andere Elemente mit allegorischer Bedeutung: der schwarze, auf der Spitze stehende Kegel an der Südostecke und der korrespondierende kleine, leere Kegel an der Nordwestecke; der rotgraue Körper in Form einer Kettenlinie; schwarze und transparente Vinylwände; eine Luftpolsterwand und ein schräger Boden.[10] Das Gebäude selbst verkörpert die Welt Keith Harings, indem es die Körpersinne und die Phantasie der Besucher intensiv anregt.

Dunkelheit

Im Zusammenhang mit der Nakamura Keith Haring Collection hat sich Kitagawara mit dem Phänomen der „Dunkelheit" auseinan-

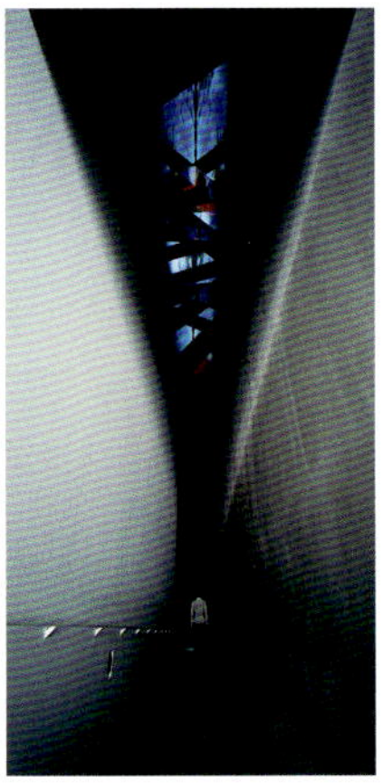

BIG PALETTE FUKUSHIMA: FREILUFT-AUSSTELLUNGSFLÄCHE OUTDOOR EXHIBITION SPACE BIG PALETTE FUKUSHIMA NAKAMURA KEITH HARING COLLECTION: ZUGANG ZU DEN AUSSTELLUNGSRÄUMEN NAKAMURA KEITH HARING COLLECTION: APPROACH TO THE GALLERIES NAKAMURA KEITH HARING COLLECTION: RAUM *GIANT FRAME* NAKAMURA KEITH HARING COLLECTION: GALLERY *GIANT FRAME*

Dennoch war es schwierig, den Besuchern Keith Harings Gedankenwelt, die so voller Widersprüche und Provokationen ist, durch rein architektonische Mittel nahezubringen. Hier zeigte Kitagawara sein Talent als „Bühnenbildner", der sich in den unterschiedlichsten künstlerischen Sphären auskennt. Er suchte sich junge Mitarbeiter – einen Kurator, einen Komponisten, einen Filmregisseur und einen Designer, die alle zwischen 20 und 30 Jahre alt waren –, um so musikalische und filmische Elemente in das Projekt zu integrieren. Kitagawara selbst verwob unzählige Metaphern in den Bau, um einmal mehr mit der Transzendierung „architektonischer" Verfahrensweisen zu experimentieren.

In seinem Essay „The Forest of Allegory" erklärt er, dass die große blaue Tür zu dem „Giant Frame" genannten Raum nicht nur der dergesetzt und er möchte dieses Thema auch weiterhin verfolgen. Kitagawara ist auf der Suche nach der „absoluten Dunkelheit", einer Dunkelheit, die etwas aus einer längst vergangenen Zeit in sich birgt. In der Nakamura Keith Haring Collection hat er versucht, eine „pechschwarze" Dunkelheit zu schaffen und nicht etwa eine, in der die Ausstellungsstücke durch künstliches Licht hervorgehoben werden. Diese Dunkelheit sollte so beschaffen sein, dass man den anderen nicht einmal aus 30 Zentimeter Entfernung erkennen könnte. Allerdings zwangen ihn die strengen behördlichen Auflagen, die Dunkelheit so zu gestalten, dass sie als sicher für die Besucher eingeschätzt wurde. Der Besitzer des Museums, Herr Nakamura, verhandelte direkt mit dem Präfekturgouverneur, der ihm auch entgegenkam. Dennoch war die unter diesen Bedingun-

the space as another experiment to transcend "architectural" technique.

According to his essay "The Forest of Allegory," the big blue door of the room named "Giant Frame" is not only the service entrance for artworks, but also a metaphor for the sea of origin; the fertile sea from which Haring created works one after another. Apart from this door, there are other elements that bear allegorical meanings: the black, inverted conical space in the southeast corner and its corresponding small empty conic shape in the northwest corner; the volume painted in red and gray scooped out in a catenary form; black and transparent vinyl screens; an air packing wall; and an inclined floor.[10] The building itself embodies the world of Keith Haring, in the sense that it intensely stimulates visitors' physical senses and imagination.

darkness that was realized was imperfect, far from an "absolute darkness." Kitagawara regrets this outcome.

Kitagawara sought "absolute darkness" so passionately because he believes that darkness is the key to reach the truth of life. Citing Bataille, he describes the darkness that controls the boundary between Eros and Thanatos in Greek mythology, and between life and death in Buddhism:

"Certainly, Eros and Thanathos are two sides of the same coin. Georges Bataille, whom I admire very much, wrote that the pursuit for Eros leads to Thanatos, while on the other hand the pursuit for Thanatos leads to Eros. Death is required for embodying the true Eros. In the same way, in Buddhism, there is a stage where life and death coincide with each other, and this stage is considered to be a complete darkness. It is the absolute darkness

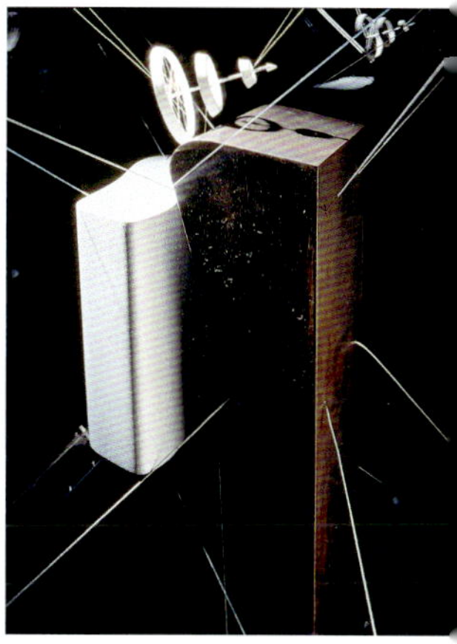

KONZEPTMODELLE FÜR DIE AUSSTELLUNG *MALLARMÉ DE SIEGE* IN DER GALLERY MA 1990: NEUSTADT KASHIWARA, METROÇA, NEBELWALD IM SHOWA GEDÄCHTNISPARK, METROTRISTAN CONCEPT MODELS FOR THE EXHIBITION *MALLARMÉ DE SIEGE* IN GALLERY MA 1990: KASHIWARA NEW TOWN, METROCA, FOG FOREST IN THE SHOWA MEMORIAL PARK, METROTRISTAN

Darkness

"Darkness" is the theme that Kitagawara dealt with in the Nakamura Keith Haring Collection, and he says he wants to explore it further in the future. Kitagawara seeks "absolute darkness," a darkness that still retains something of an ancient age. In the Nakamura Keith Haring Collection, he tried to create a "jet-black" darkness, not one in which the exhibits are illuminated by artificial light. The darkness he sought was one in which people could not recognize each other even standing thirty centimeters apart. However, strict regulations from authorities forced him to make the degree of darkness one deemed safe for visitors. The owner of the building, Mr. Nakamura, negotiated with the prefectural governor directly and won a concession, yet the

that nobody can see and touch. Light from the modern age cannot illuminate this darkness."[11]

When he designed Rise (1986) and Aria (1994), Kitagawara used the term "the darkness of daytime" to point out the state of darkness in which everything appears to be visible, while in reality the truth is hidden underneath. In contemporary society, darkness seems to be evicted both from architecture and the urban environment. Kitagawara warned that darkness is everywhere in the contemporary world, and that nothing is visible even though the opposite is believed to be true. This warning was also a criticism of contemporary architecture, with its excess of bright white surfaces, glass, and artificial lighting.

For these reasons, it was meaningless for Kitagawara to create

gen geschaffene Dunkelheit nicht perfekt und weit entfernt von „absoluter Dunkelheit". Kitagawara bedauert dieses Ergebnis sehr. Die Idee der „absoluten Dunkelheit" verfolgt Kitagawara deshalb so leidenschaftlich, weil er der Überzeugung ist, dass Dunkelheit der Schlüssel zur Wahrheit des Lebens ist. Indem er sich auf Bataille bezieht, beschreibt er die Dunkelheit, die in der griechischen Mythologie die Grenze zwischen Eros und Thanatos definiert sowie im Buddhismus die Grenze zwischen Leben und Tod:

„Natürlich sind Eros und Thanatos zwei Seiten derselben Medaille. George Bataille, den ich sehr bewundere, schreibt, dass die Suche nach dem Eros zum Thanatos führt, während die Suche nach dem Thanatos zum Eros führt. Der Tod ist notwendig, um dem wahren Eros Form zu geben. Ebenso gibt es im Buddhismus ein Stadium, in dem Leben und Tod zusammenfallen. Dieses Stadium hat man sich als vollkommene Dunkelheit vorzustellen. Es ist die absolute Dunkelheit, die niemand sehen oder berühren kann. Selbst das Licht der Neuzeit kann diese Dunkelheit nicht erhellen."[11]

Im Zusammenhang mit seinen Entwürfen für die Projekte Rise (1986) und Aria (1994) benutzt Kitagawara den Begriff „der Dunkelheit des Tages", um auf ein Stadium der Dunkelheit zu verweisen, in dem alles sichtbar scheint, während in Wirklichkeit die Wahrheit verborgen bleibt. In der heutigen Gesellschaft scheint die Dunkelheit sowohl aus der Architektur als auch aus den Städten verbannt zu sein. Kitagawara mahnt, dass in der heutigen Welt überall Dunkelheit existiert und nichts sichtbar ist, auch wenn man vom Gegenteil überzeugt ist. Diese Mahnung ist auch eine Kritik an der modernen Architektur mit ihren grell-weißen oder gläsernen Oberflächen und ihrer künstlichen Beleuchtung.

Daher schien es Kitagawara sinnlos, eine unvollständige Dunkelheit zu schaffen, die sich an die erlaubten Werte institutioneller Sicherheit und Gewohnheit hält. Nur eine wahrhaftige Begegnung mit der „absoluten Dunkelheit" könnte das Herz der Besucher dem Ur-Wald öffnen, der neues Leben nährt und jenseits der Beschränkungen von Zeit und Raum liegt. Man könnte sogar sagen, dass das ganze Gebäude gebaut wurde, um eine solche Erfahrung möglich zu machen. 2009 wurde Kitagawara für den Entwurf der Nakamura Keith Haring Collection mit dem Japan Art Academy Award, dem renommiertesten Kunstpreis Japans, ausgezeichnet. In der Begründung für den Preis heißt es:

„Nachdem man den scharf ausgehöhlten Eingang passiert hat, nimmt das Licht langsam ab und man erreicht einen langen, abschüssigen Zugang, der auf die Dunkelheit zuzuführen scheint. Während man abwärts geht, erhöht sich die Spannung des Raumes und die Phantasie beginnt zu arbeiten ... Der Umgang mit räumlichem Ablauf, Konstruktion und Licht ist überaus gekonnt, einfach exzellent. Das Projekt, das wirkt, als sei neues Leben in den Wald hineingeboren worden, ist äußerst originell. Es wird in seiner Zeitlosigkeit bestehen bleiben und seine Besucher immer aufs Neue überraschen."[12]

Die Kraft der einzelnen Teile

Die Big Palette Fukushima weist die für die Architektur Kitagawaras so typische Assemblage verschiedener „Körper" mit den entsprechenden Zwischenräumen auf. Diese Zwischenräume verbinden die Körper, manchmal fest, manchmal locker. Die Zwischenräume sind die *Wege*, durch die Sonnenlicht, Luft, der Blick und Menschen frei ein- und austreten können. Auf einen Blick ist die Gebäudekontur nicht in ihrer Gesamtheit zu erfassen, dennoch lässt sie sich quasi intuitiv wahrnehmen.

Die Toshima Gakuin High School/Showa Tetsudo High School wurde in drei Phasen, 1999, 2003 und 2004, umgebaut. Diesem Projekt liegt kein einheitliches Leitbild zugrunde. Es gibt keinen Gesamtplan, der ein einheitliches Bild zeigt. Die Schulgebäude mit ihren unterschiedlichen Baukörpern und Oberflächen sind über die Stadt verstreut. Nur durch die auf ihren Zusammenhang verweisende Verbindung dieser Einzelteile, die keiner Hierarchie unterliegen und kein gestalterisches, strukturierendes Leitmotiv haben, behauptet sich die Schule im Stadtbild. Kitagawara bezieht sich dabei auf Stéphane Mallarmés „Un coup de dés jamais n'abolira le hasard":

„In ‚Un coup de dés jamais n'abolira le hasard' kann man, wie Mallarmé es selbst vorschlägt, irgendwo zu lesen beginnen oder aufhören und jede Stelle mit einer beliebigen anderen verknüpfen. Wenn man das Gedicht auf diese Weise liest, merkt man, dass die Beziehung zwischen den Worten die Phantasie ganz individuell lenkt. Wenn man diesen Vorgang wiederholt, wird man verschiedene Linien entdecken; es tritt so etwas wie eine Sternkonstellation zutage."[13]

In diesem Sinne ist jeder Bestandteil der Architektur Kitagawaras durch die Metamorphosen des dem Grundstück eigenen *Urmotivs*, der *Urform* geprägt und erhält seine Lebenskraft durch die elementare Verbindung zu dem Ort. Diese Konzeption ist der Konzeption des Wortes in der traditionellen japanischen Dichtung sehr ähnlich: Jedes Wort ist ein Element, das eine eigene Seele hat. Kitagawara erklärt den Prozess, durch den die Einzelteile ihr

an unsatisfactory darkness within the permissible range of institutional safety and common sense. Only a true encounter with "absolute darkness" could release the heart of visitors into the ancient forest that nurtures new life, beyond the constraint of time and space. Indeed, it could be said that the whole space was constructed to produce such an encounter. In 2009, Kitagawara was presented with the Japan Art Academy Award—the most prominent art award in Japan—for the design of the Nakamura Keith Haring Collection. The reasons for the award were given as follows:

"Going through the sharply scooped out entrance, the light from the outside gradually dims and you arrive at a long slope that seems to come close to the darkness. Walking along the downward slope, the tension of space is enhanced, rouses the imagination ... The skillful treatment of the flow of space, structure, and light is remarkably well realized, nothing but excellent. The project, which stands as if new life was born in the forest, is very original. It will live timelessly and give visitors fresh sensations."[12]

Power of Parts

As is seen in the Big Palette Fukushima, the architecture of Kitagawara is typically an assemblage of various "volumes," with interstices here and there. These interstices connect the volumes, sometimes strongly and sometimes loosely. The interstices are *Wege*, through which sunlight, air, gazes, and people come and go freely. The whole outline of his architecture is incomprehensible from the level of the human eye, although its presence is vaguely tangible.

Toshima Gakuin High School/Showa Tetsudo High School was rebuilt gradually, over three stages in 1999, 2003, and 2004. In this project, there is no whole image. There is no outline that shows a whole image; school buildings of various volumes andsurfaces are scattered throughout the existing town. Only through the constellation-like linkage of these parts—there is no hierarchy among them, and no constitutive image to frame them—does the school come to the surface of the town. Kitagawara says that he learned this from 'Un coup de dés jamais n'abolira le hasard' by Stéphane Mallarmé:

"In the case of 'Un coup de dés jamais n'abolira le hasard,' as Mallarmé himself mentions in the preface, you can start reading from anywhere and stop at anywhere and connect anywhere with anywhere. Reading the poem this way, you will find that the relationships between words will guide your imagination in your own way. By repeating this way of reading, you will find various lines; something like a constellation comes to surface."[13]

In this sense, each part of Kitagawara's architecture is formed through the metamorphoses of the site's *Urmotiv/Urform*, and receives its life force from its fundamental connection to the site. This is close to the conception of words in traditional Japanese poetry: each word is an element believed to have a spirit in itself. Kitagawara explains the process through which the parts obtain their lives and form the whole:

"The whole comes to surface like a constellation. Consequently, I think the whole image can't be formed, or, even if it is formed, it will be lifeless, unless the parts and people are connected with each other. In the design of architecture, the parts that are forcibly designed to accord with the whole do not have lives of their own and do not impress anybody. Even if they look good, I feel that they are shallow."[14]

Kitagawara has been eagerly designing wooden architecture these days. What is interesting about wood as a material for him is that—in radical contrast to inorganic materials such as steel, aluminum, or concrete—any piece of wood, however small it might be, contains the same cellular information as the entire tree. In other words, "the part has the whole in it."[15] In the essay "Matrix and Phallus," published for the Gifu Academy of Forest Science and Culture (2001), Kitagawara wrote of wood:

"A small piece of wood on your hand contains a whole forest. It is immanent not only metaphorically but also ecologically. The details of a forest are delicate, tender, fragile, and weak. As a whole, however, a forest has an overwhelming presence and irresistible power, sometimes provoking a feeling of awe. A towering single tree might be a phallus, but the forest in which countless trees gather is a matrix—like inside of a womb, maternal and inclusive."[16]

Surface

The force that supports Kitagawara's architecture is the "force that faces the core of being," which works on the "interstices" between volumes. Here, the center is in an interstice—i.e., in a void. In this sense, the spatial form that pushes out from the volumes into the interstices, making the "force that faces the core of being" sensible, has an important meaning. The space inside of each volume has a function: in the case of a school, it might be a classroom or a teachers' room; in the case of a conference hall,

Eigenleben bewahren und ein Ganzes bilden:

„Das Ganze tritt als eine bestimmte Konstellation zutage. Folglich bin ich der Ansicht, dass das ganze Bild nicht geschaffen werden kann, wenn nicht die Elemente und die Menschen miteinander in Beziehung stehen (und selbst wenn es so geschaffen werden kann, wird es leblos erscheinen). In Architekturentwürfen sind die Bestandteile, die in ein Ganzes hineingezwungen werden, nicht lebendig und hinterlassen deshalb keinen Eindruck. Selbst wenn sie gut aussehen, habe ich das Gefühl, dass sie flach sind."[14]

In jüngster Zeit hat Kitagawara sich intensiv mit Holzarchitektur beschäftigt. Im radikalen Gegensatz zu unorganischen Materialien wie Stahl, Aluminium oder Beton ist Holz als Material für ihn so interessant, weil jedes Holzstück, so klein es auch sein mag,

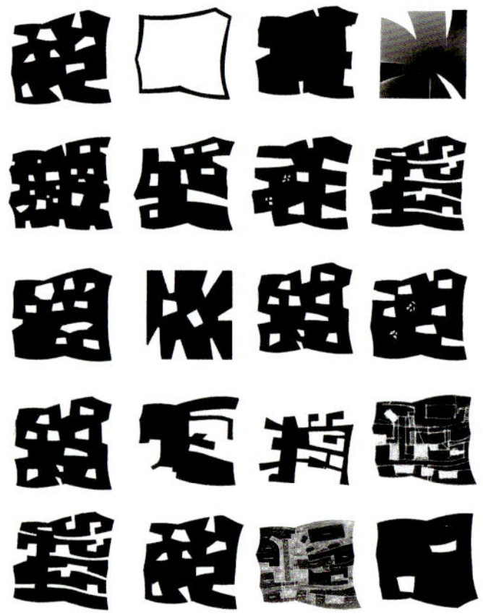

TERME DI COMANO: RENDERING TERME DI COMANO: RENDERING TERME DI COMANO: DACHSTUDIEN TERME DI COMANO: ROOF STUDIES TERME DI COMANO: RENDERING TERME DI COMANO: RENDERING

dieselbe Zellinformation enthält wie der ganze Baum. Anders formuliert, trägt „das Einzelne das Ganze in sich".[15] In dem Essay „Matrix and Phallus", das 2001 zur Akademie der Forstwissenschaften und Kultur Gifu erschien, schreibt Kitagawara Folgendes zum Thema Holz:

„Ein kleines Stück Holz in der Hand enthält einen ganzen Wald. Er ist nicht nur metaphorisch, sondern auch ökologisch darin enthalten. In seinen Einzelteilen ist ein Wald anfällig, zart, zerbrechlich und schwach. Als Ganzes jedoch hat er eine überwältigende Präsenz und unwiderstehliche Kraft, wodurch er manchmal ein Gefühl der Ehrfurcht hervorruft. Ein hoch aufragender einzelner Baum könnte ein Phallus sein, aber ein Wald, in dem unzählige Bäume stehen, ist eine Matrix – wie das Innere eines Uterus, mütterlich und umschließend."[16]

Oberfläche

Die Kraft, die Kitagawaras Architektur zusammenhält, ist die „Kraft, die dem Kern des Seins nahe ist" und auf die Zwischenräume zwischen den Körpern einwirkt. Das Zentrum liegt hier in einem Zwischenraum, also in einem Hohlraum. In diesem Sinne ist die räumliche Form, die aus den Körpern in die Zwischenräume hineinstößt und die „Kraft, die dem Kern des Seins nahe ist", spürbar macht, von großer Bedeutung. Der Raum innerhalb der Körper hat eine bestimmte Funktion: In einer Schule kann das ein Klassenraum oder ein Lehrerzimmer sein; in einem Konferenzzentrum ein Vortragssaal oder ein Sitzungssaal. Zeitgemäße Funktionen sind hier unabdingbar. Tatsächlich entsteht und verbreitet sich die Lebenskraft, die sich aus der Anknüpfung an den „Ursprung" oder die „Vorgeschichte" speist, in vielen Fällen in den Zwischenräumen zwischen den Körpern und nicht aus dem Inneren der Körper selbst. Darüberhinaus ist die Kraft, die der Zwischenraum ausstrahlt, nicht nur durch die räumliche Form der Körper, die von beiden Seiten auf ihn einwirken, oder vom Zwischenraum selbst bestimmt, sondern auch von der Oberfläche, die die Körper umhüllt. Zu Oberflächen schreibt Kitagawara:

„Natürlich erwarte ich, dass eine Oberfläche eine eigene Kraft hat. Die Oberfläche bestimmt das Äußere und das Innere, das Aussehen und den Charakter des Gebäudes. Die Oberfläche lässt Erwartungen darüber entstehen, wie es im Inneren aussehen mag und manchmal erweisen sich diese Erwartungen als Täuschung, die allerdings weder etwas Negatives noch ein Versehen ist. Vielmehr führt sie manchmal zu unerwarteten Überraschungen.

an auditorium or a meeting room. Fulfilling modern functions is thoroughly required there. Indeed, in many cases, the spaces that lead to the "origin" or "ancient age" appear and emanate life force from outside of the volumes, from the interstice between the volumes, not the inside of the volume. Moreover, the power that the interstice emanates is determined not only by the spatial form of the volumes pushing out from both sides, or the interstice itself, but also by the surface that covers the volumes. Kitagawara has written of surface:

"Certainly, I have the expectation that surface has its own power. Surface controls both the outside and the inside, and also determines the look and character of the building. Surface provokes the expectation of what the inside looks like, and sometimes betrays it. This betrayal is neither a negative consequence nor a failure; it sometimes leads to an unexpected surprise. Surface has an important meaning, and I have been very particular about it in every project."[17]

In the cases of the Big Palette Fukushima and Toshima Gakuin High School/Showa Tetsudo High School, Kitagawara covered the protruding volumes with metallic splints, such as aluminum, stainless steel, and galvanized steel sheets. In his wooden architecture—such as the Gifu Academy of Forest Science and Culture—the surface was a grill made of woven, wooden members. The wooden grill separates the inside and the outside, and also serves as a transparent surface through which sunshine, wind, and gazes come and go. Crooked and layered, the surfaces of the grill create shadows, bringing out a kind of "expression," or character of the building.

In the Shiranuhi Library and Art Museum (1998), "Shiranuhi," dating back to ancient times, becomes the *Urmotiv/Urform* and thus determined the surface. Shiranuhi is a mysterious natural phenomenon in which flickers of light appear on the Ariake Sea in the darkness of night. Shiranuhi is mentioned in the poetry, travel writing, and topographical description of ancient, medieval and early modern times, and attracts many visitors. Thanks to science, the cause of Shinaruhi has been elucidated. The difference in temperature between the sand of the tidal flats and the seawater creates countless air columns, which differ in density. Light from ships luring fish at night is then refracted and amplified in an unusual way through the forest of these air columns, and finally appears as a wild movement of light. This phenomenon can only be seen during a limited period of time at the end of summer, when the conditions are right for the appearance of the air columns.

On designing the cultural facilities of the town, Kitagawara treated Shiranuhi as an original image of "local identity." The museum and library buildings are arranged in the inner half of the site, and the aluminum horizontal louver screens enclose the buildings as their common surface. The other half of the site is arranged to serve as a large stage covered with a lawn. After many sketches, Kitagawara created surfaces that reflect the minute changes in the sunshine and climate, which in turn affect the color of the land. The design of the surface, which rhythmically plays with light, has become the fulcrum of the whole project.

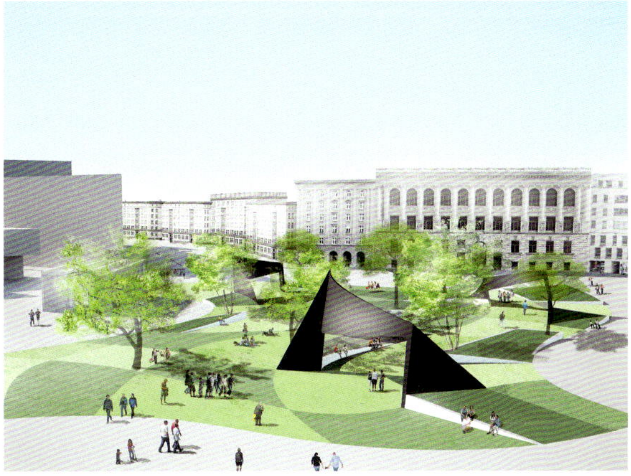

WETTBEWERB BET- UND LEHRHAUS IN BERLIN: RENDERING COMPETITION HOUSE OF PRAYER AND LEARNING IN BERLIN: RENDERING WETTBEWERB LEIPZIGER FREIHEITS- UND EINHEITSDENKMAL: RENDERING COMPETITION LEIPZIG MONUMENT TO FREEDOM AND UNITY: RENDERING KOBUCHIZAWA BAHNHOF: RENDERING KOBUCHIZAWA STATION: RENDERING

Die Oberflächen sind von großer Bedeutung und ich halte immer an ihnen fest."[17]

Im Fall der Big Palette Fukushima und der Toshima Gakuin High School/Showa Tetsudo High School verkleidete Kitagawara die vorspringenden Baukörper mit Trapezblechen aus Aluminium oder rostfreiem Stahl und galvanisierten Stahlplatten. In seinen Holzbauprojekten, wie zum Beispiel der Akademie der Forstwissenschaften und Kultur Gifu, besteht die Oberfläche aus einer Gitterstruktur aus verwobenen Holzgliedern. Das Holzgitter trennt Innen und Außen voneinander und dient als transparente Oberfläche, durch die Sonnenlicht, Wind und Blicke ungehindert ein- und austreten können. Die gekrümmten, übereinander geschichteten Oberflächen des Gitters erzeugen Schatten, wodurch das Gebäude an „Expressivität" und Charakter gewinnt.

Bei dem Shiranuhi Bibliotheks- und Museumskomplex (1998) wurde das *Urmotiv/*die *Urform* durch das „Shiranuhi" bestimmt, das auf vorgeschichtliche Zeiten zurückgeht und so die Gestaltung der Oberfläche prägte. Shiranuhi ist ein rätselhaftes Naturphänomen, bei dem auf der Ariake-See trotz nächtlicher Dunkelheit ein Lichtflimmern entsteht. Shiranuhi wird in der Dichtung, Reiseberichten und topografischen Beschreibungen aus der Frühzeit, dem Mittelalter und der frühen Neuzeit erwähnt und zieht viele Besucher an. Dank der Wissenschaften konnte dieses Phänomen erklärt werden. In der Ebbeperiode weisen der Sand und das Seewasser einen Temperaturunterschied auf, der zahllose Luftsäulen entstehen lässt, die von unterschiedlicher Dichte sind. Das Licht von Schiffen, das nachts Fische anlocken soll, wird in diesem Wald aus Luftsäulen auf ungewöhnliche Weise gebrochen und verstärkt, wodurch es schließlich zu wilden Lichtbewegungen kommt. Dieses Phänomen lässt sich nur zu einer bestimmten Zeit gegen Ende des Sommers beobachten, wenn die Bedingungen für die Entstehung der Luftsäulen gegeben sind.

Beim Entwurf der Kultureinrichtungen der Stadt behandelte Kitagawara das Shiranuhi als Urbild für die „regionale Identität". Der Museums- und Bibliothekskomplex ist in der inneren Hälfte des Grundstücks angeordnet, Aluminium-Lamellen bedecken die Gebäude als einheitliche Oberfläche. Die andere Hälfte des Grundstücks ist als große, mit Rasen bedeckte Bühne angelegt. Auf Grundlage zahlreicher Skizzen schuf Kitagawara schließlich Oberflächen, die die kleinsten Veränderungen des Sonnenlichts und des Wetters sowie der Farbigkeit der Landschaft reflektieren. Der Entwurf der Oberfläche, die rhythmisch mit dem Licht spielt, wurde zum Ausgangspunkt für das ganze Projekt.

Postskriptum

Wenn Sie diesen Text lesen, wird Kitagawaras Wellness Center Terme di Comano bereits im Bau sein. Es handelt sich hier um ein großes Projekt im italienischen Trentino, das er mit seinem Partner und Freund Marco Imperadori, Professor am Politecnico di Milano, geplant hat. Von örtlichen Stadtverwaltungen finanziert, ist die Therme ein gigantisches Projekt: Sogar im mit der Nutzung heißer Quellen vertrauten Japan gibt es keine Einrichtung vergleichbarer Größe.

Kitagawara strebt hier nicht den Bau eines in sich geschlossenen Gebäudes an, sondern eher ein offenes und beruhigendes Dorf , in dem die Besucher sich wie im Himmel auf Erden fühlen sollen. Während sie die heißen Quellen genießen, andere Menschen treffen und sich vom *genius loci* inspirieren lassen, können sich die Besucher vollkommen entspannen.

Das Urbild, das Kitagawara bei diesem Projekt inspiriert hat, war die Schaffung eines vormodernen „Dorfes", dessen Charakter und Kraft in ihrer Ursprünglichkeit noch nicht durch urbane Einflüsse der Moderne zersetzt sind. Kurzum, ein Ort, an dem die Besucher ihre Energien durch die natürliche, dem Ort innewohnende Kraft aufladen können.

Zeitgenössische Architektur wird zwangsläufig immer komplexer und nimmt die Formen eines „Dorfes" oder einer „Stadt" an. Um zu vermeiden, lediglich eine aufgeblähte „Maschine" zu produzieren, muss nicht nur das Ganze des Gebäudes, sondern auch jedes der baulichen Bestandteile ein eigenständiger Organismus sein, der im Ort verwurzelt ist, starke Lebenskraft ausstrahlt und eine ganz individuelle Oberfläche besitzt. Architektur soll etwas Lebendiges sein, das als statische Form extrem schwer zu greifen ist, da es sich permanent verändert. Daher lässt sich Kitagawara vollkommen von seiner Phantasie leiten und nutzt häufig Ideen und Verfahrensweisen des Surrealismus bei seinen Entwurfsprozessen – ein weiterer Aspekt seiner Arbeit, den ich in diesem Essay leider nicht vertiefen konnte.[18]

Obwohl ich viele von Kitagawaras Entwürfen gesehen habe, ist es unmöglich, vorherzusehen, wie die Projekte nach ihrer Fertigstellung genau aussehen werden. Daher bin ich sehr gespannt auf die Realisierung seines jüngsten Projekts mit Professor Imperadori, das Wellness Center Terme di Comano.

Postscript

Kitagawara's Terme di Comano Wellness Center will already be under construction when you read this text. It is a large project planned in the Trentino province of Italy with his partner and esteemed friend, Marco Imperadori, a young architect who is a professor at Politecnico di Milano. Financed by local town governments, Terme di Comano Wellness Center is a large-scale project: even in Japan, a country quite familiar with hot springs, no facility comes close in size.

Rather than making a self-sustained building, Kitagawara is attempting to make this project an open and unrestricted village in which people are able to feel as if they are in heaven on earth. While enjoying the hot springs, new encounters with others, and the inspiration of the location's genius loci, visitors will find themselves at ease.

The primal image Kitagawara had for this project was to create a premodern "village" whose original character and power has not yet been eroded by modern urbanism. In other words, it is a place where people can regain their vigor by means of the natural power immanent in the site.

Contemporary architecture is becoming inevitably more complex, appearing like a "village" or "town." To avoid making it just a ballooned "machine," each constitutive part must be an organism as well as a complex whole, rooted in the site, with a strong life force and possessing its own unique surface. It is a life form that is exceedingly difficult to grasp as a static substance in that it constantly changes. Therefore, Kitagawara fully uses his imagination, and often introduces elements of Surrealism into his design process—this is a further aspect of his approach that I have not mentioned in this essay.[18]

Even though I have seen many of Kitagawara's works, it would be impossible to predict exactly how any of his structures will look when completed. In this sense, I am very much looking forward to the completion of his most recent project with Professor Imperadori, the Terme di Comano Wellness Center.

(English translation by Tsuyoshi Matsuhata)

Anmerkungen

1 Robert Venturi: *Complexity and Contradiction in Architecture. The Museum of Modern Art*, New York, 1966
Man kann jedoch sagen, dass Kitagawara hinsichtlich seines Denkens und seiner Entwurfsmethoden nicht direkt von westlichen Architekten beeinflusst worden ist. Da er sich schon sehr früh mit Gestaltung befasst und sich intensiv mit der japanischen und französischen Literatur des Surrealismus beschäftigt hat, verbindet man ihn mehr als andere Architekten mit einem freien und direkten Umgang mit den Quellen der Fantasie. Deborah K. Dietsch hat die ihn ausmachenden Charakteristika in „Prince of Darkness" äußerst treffend beschrieben. In: *Architectural Record*, Februar 1988, S. 108–117

2 Goethes Begriff vom *Urphänomen* begegnete mir bei meiner Beschäftigung mit Gottfried Semper, dem im 19. Jahrhundert tätigen deutschen Architekten und Architekturtheoretiker. Goethes Idee taucht in seinen Schriften immer wieder auf. Siehe dazu auch Masato Kawamukai: „Organologie und Architektur der Gegenwart, basiert auf ‚Bekleidungstheorie' von Gottfried Semper", in: *Goethe-Jahrbuch XLIX*. Band, 2007, Goethe-Gesellschaft in Japan, S. 125–147. Bei einem zeitgenössischen japanischen Architekten entdeckte ich dann ein reges Interesse an der Verknüpfung von Kunst und Wissenschaft mit ebendiesem Urphänomen: Es handelte sich um Atsushi Kitagawara.

3 Interview mit Atsushi Kitagawara am 20. September 2012

4 Ebd.

5 Shinkenchiku, Dezember 1998, S. 101

6 Interview mit Atsushi Kitagawara am 20. September 2012

7 Ebd.

8 Ebd.

9 Ebd.

10 Shinkenchiku, Juli 2007, S.137, GA Document 98, Juli 2007, S. 58–62

11 Interview mit Atsushi Kitagawara am 20. September 2012

12 Erschienen in: *The Recipients of the 66th Japan Art Academy Award*

13 Interview mit Atsushi Kitagawara am 20. September 2012

14 Ebd.

15 Shinkenchiku, August 2001, S.100

16 Ebd.

17 Interview mit Atsushi Kitagawara am 20. September 2012

18 Über die komplexe Beziehung von Kitagawaras Entwurfsideen zu Beginn der 1990er Jahre und dem Surrealismus siehe zum Beispiel Terence Riley: „The Work of Atsushi Kitagawara: An Indeterminate Language of Architecture", in: *The Japan Architect 1992-94*, Bd. 8, Sonderheft Atsushi Kitagawara, S. 72–75. Siehe dazu auch Anmerkung 1

Notes

1 Robert Venturi: *Complexity and Contradiction in Architecture*, The Museum of Modern Art, New York, 1966.
However, it could be said that Kitagawara has not been influenced directly by Western architects in terms of both thoughts and methods of design. As he devoted himself to design from his early stage, carefully reading Japanese and French Surrealist literature, he has been known as an architect who searches for the origins of imagination in a pure and free way more than other architects. Deborah K. Dietsch has already correctly pointed out his distinguishing characteristics in "Prince of Darkness," in *Architectural Record*, February 1988, pp. 108–117.

2 I came across Goethe's idea of *Urphänomen* while studying Gottfried Semper, a nineteenth-century German architect and architectural theorist. Goethe's idea is continuously alive in his writings. Please refer to Masato Kawamukai "Organologie und Architektur der Gegenwart, basiert auf 'Bekleidungstheorie' von Gottfried Semper," in *Goethe-Jahrbuch* XLIX. Band (2007), Goethe-Gesellschaft in Japan, pp. 125–147. I realized an unmatched strong interest toward science and art of the same *Urphänomen* in a contemporary Japanese architect, Atsushi Kitagawara.

3 Interview with Atsushi Kitagawara on September 20, 2012.

4 Ibid.

5 *Shinkenchiku*, December 1998, p. 101.

6 Interview with Atsushi Kitagawara on September 20, 2012.

7 Ibid.

8 Ibid.

9 Ibid.

10 *Shinkenchiku*, July 2007, p.137, *GA Document* 98, July 2007, pp. 58–62.

11 Interview with Atsushi Kitagawara on September 20, 2012

12 Appeared in "The recipients of the 66th Japan Art Academy Award".

13 Interview with Atsushi Kitagawara on September 20, 2012.

14 Ibid.

15 *Shinkenchiku*, August 2001, p. 100.

16 Ibid.

17 Interview with Atsushi Kitagawara on September 20, 2012.

18 For example, on the complex relationship between Kitagawara's ideas of design by the beginning of nineteen-nineties and Surrealism, see Terence Riley, "The Work Of Atsushi Kitagawara: An Indeterminate Language of Architecture," in *The Japan Architect* 1992–94, vol. 8, Special Issue *Atsushi Kitagawara*, pp. 72–75. See also (1).

PROJEKTE
PROJECTS

NAKAMURA KEITH HARING COLLECTION

Aaron Betsky

Die Nakamura Keith Haring Collection ist ein Ort der Umkehrung. Mitten in den japanischen Alpen gleicht sie einer urbanen Kakophonie. Den Bergketten ringsum stellt sie ihre Kettenlinie gegenüber. Inmitten von Wäldern und Wiesen stellt der Bau eine Enklave dar, abgeschlossen von der Wirklichkeit. Im Inneren wird der Gang durch die Ausstellungsräume von einem ständigen Wechsel zwischen Licht und Dunkel, zwischen engen, gedrungenen und offenen, großzügigen Räumen, zwischen Innen und Außen bestimmt. Die Nakamura Collection ist – wie alle Entwürfe von Atsushi Kitagawara und auch die Arbeiten von Keith Haring – eine gebaute Collage aus verdichteten und verspielten Räumen, zusammengewürfelt aus aggressiven und eindringlichen, munteren und exzentrischen Atmosphären.

The Nakamura Keith Haring Collection is a place of inversion. In the midst of the Japanese Alps, it is a cacophony of urban culture. To the surrounding peaks, it gives back a hollow catenary curve. In a site of forest and meadows, it is a place of enclosure that shuts out reality. Within its confines, your journey through the galleries is one of continual reversals from light to dark and back again, from low and confined to open and expansive, and from inside to outside and back. Like Keith Haring's work—but also like that of Atsushi Kitagawara—the Nakamura Collection is a collage of experiences condensed, abstracted, made violent and intense, joyful and exuberant.

The architect himself based his design on his understanding of the Jomon culture that was so prominent in this area, believing he had

Kitagawara legt seinem Entwurf sein Wissen über die prähistorische Kultur der Jomon zugrunde, denn die Region war eines der Zentren dieser Kultur. Er glaubt eine Verbindung zwischen deren Naturwahrnehmung und ihrem Handwerk einerseits und Keith Harings Kunst andererseits erkennen zu können. Für Kitagawara stellen die Hütten der Jomon mit ihren Strohdächern, konischen Formen und ihrer Kombination aus ovalen und dreieckigen Geometrien eine Art Abstraktion ihrer natürlichen Umgebung dar, wie auch andere „primitive" Völker ihre Behausungen interpretativ nach der Landschaft gestalten, die sie bewohnen. Diese Gestaltungweisen scheinen ihm den schrillen Formen in Harings Werken sehr verwandt; eine Ähnlichkeit, die sich nach Ansicht des Architekten besonders bei Betrachtung der Töpferarbeiten und dekorativen Motive der Jomon noch stärker offenbart.

Das Ergebnis ist eine einzigartige Interpretation von Harings Kunst, die sich vor allem auf seinen Versuch stützt, eine neue Mythologie zu schaffen, die auf Umrissen beruht, welche sich auf die frühesten künstlerischen Ausdrucksformen – archaische Muster und Symbole – zurückführen lassen. Dabei wird die Aufmerksamkeit kühn auf die Sexualität und Gewalt gelenkt, die den meisten Werken Keith Harings ihren ganz eigentümlichen Rhythmus und ihre narrative Stringenz verleihen, sie aber zugleich in eine Welt von Aliens, UFOs und anderen Science-Fiction-Elementen transferieren. Haring blickt tief in unsere Seele hinein, holt unsere ursprünglichsten Sehnsüchte

found deep relations between, on the one hand, the ways in which the Jomon responded to their surroundings and, on the other hand, between the forms that these people produced and Haring's art. The huts in which the Jomon lived, with their thatched roofs, conical form, and combination of ovoid and triangular geometries, seem to Kitagawara to be abstractions of this landscape, in that manner many "primitive" people have echoed their surroundings in their habitations. These forms also have a clear affinity with the jarring forms that Haring used in his work, a relation the architect believes becomes even clearer if you look at some of the Jomon's pottery and decorative themes.

The result is a peculiar reading of Haring's art that emphasizes its attempt to create a new mythology, built out of outline forms that brought art back to its most basic uses of archaic shapes and symbols, and with an unflinching attention to both the sex and the violence that create the rhythm and narrative thread for most of this work, but that takes it into a world of aliens, UFOs, and other sci-fi elements. Haring looks back and into our most basic desires and fears, but also out and around him at urban culture, seeing it as an alien impregnation and place of exuberance.

So the Nakamura Collection building sits like a strange object in the forest. Kitagawara sited the structure so that it appears like a manmade hill, but also like a strange artifact you come upon, purposefully at odds with its surroundings even as it seems familiar: it is a

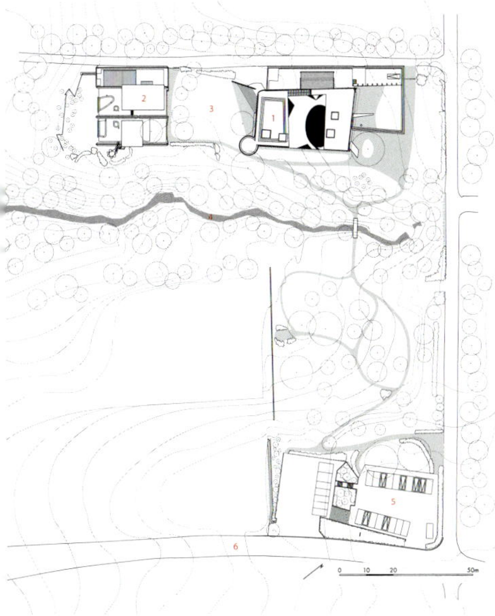

Lageplan Site plan

1 Nakamura Keith Haring Collection (Museum art museum)
2 Relaxation pool KUROTEL (Spa spa)
3 Veranstaltungshof Outdoor event space
4 Bach Stream
5 Parkplatz Parking
6 Präfekturstraße Prefectural Road

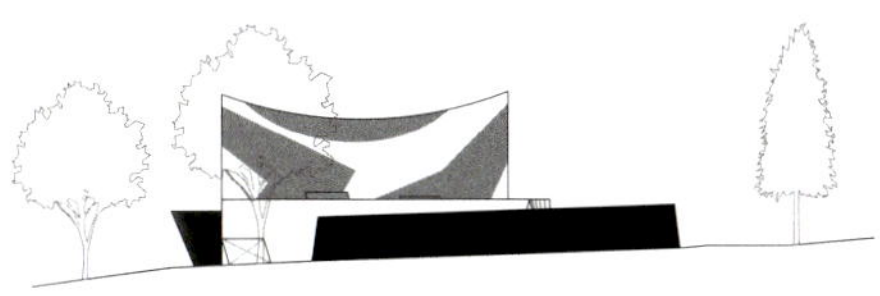

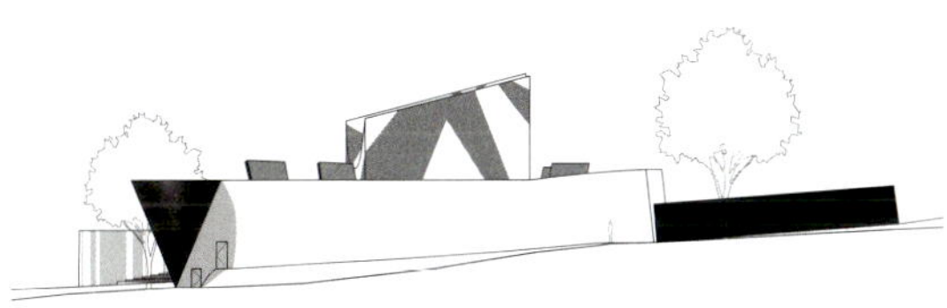

und Ängste hervor. Die urbane Kultur liest er als entfremdende Einflusssphäre – ein Ort der Maßlosigkeit und des Überflusses.

So hockt die Nakamura Collection wie ein Fremdkörper im Wald. Kitagawara platzierte seinen Bau bewusst so, als sei er ein künstlicher Hügel oder ein seltsames Artefakt, das sich einem in den Weg legt. Der Bau hebt sich markant von seiner Umgebung ab, ist Fremdkörper und zugleich der Landschaft anverwandt: Er ist eine Reflexion unserer Großstadt, der wir und die Kunst den Rücken gekehrt haben, und ist zugleich Spiegel jener Bergketten ringsum. Seine Form ist bizarr: Er besteht aus abgeschrägten, gestreiften Wänden, aus denen sich eine umgekehrte Parabel erhebt und ein auf dem Kopf stehender Kegel hervorragt. Wie viele von Kitagawaras Bauten bildet auch das Museum eine Collage aus zahlreichen

memory of the city you and the art have left, and of the mountains all around you. Its form is jarring, consisting of canted and striped walls out of which the inverted parabola rises, and out of which an also inverted cone protrudes. As in much of Kitagawara's work, the building is a collage of fragments, each hinting at a much larger order and together creating a form assembly all its own.

The building's interior reveals, or rather stages, another theme in the architect's work: the theatricalization of urban experience. As a collaborator with theater directors and choreographers, Kitagawara has honed his skills at turning theaters, schools, convention centers, and even office buildings into stages that develop over time and space, and through which we become actors in the peculiar world he unfolds for his clients.

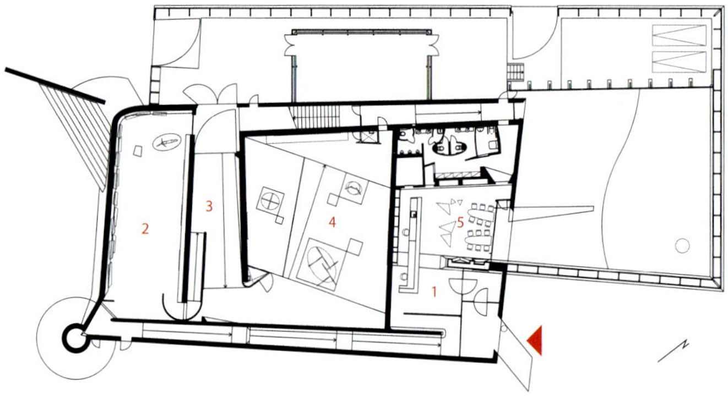

1 Empfangsbereich Reception
2 Galerie Gallery „The Chaos"
3 Galerie Gallery „Giant Frame"
4 Galerie Gallery „The Dream"
5 Museumsshop und Café
Museum shop and café

Fragmenten, die alle auf eine höhere Ordnung verweisen und gemeinsam eine ganz eigene Komposition bilden.

Das Innere des Gebäudes zeigt – oder inszeniert vielmehr – ein weiteres, die Arbeiten Kitagawaras bestimmendes Motiv: die Theatralisierung urbanen Erlebens. In Zusammenarbeit mit Theaterregisseuren und Choreografen verfeinerte Kitagawara die Verfahrensweisen, mithilfe derer er ganze Theater, Schulen, Tagungszentren und sogar Bürogebäude in Bühnen verwandelt, die sich im Laufe der Zeit räumlich entfalten und die Nutzer zu Akteuren einer befremdlichen Welt erheben, die er für seine Auftraggeber entwirft.

Wie in einem Märchen muss man den Wald durchqueren, um zur Keith Haring Collection zu gelangen. Nach dem Ticketkauf betritt man einen Gang, der uns mit seiner Länge, Höhe, Dunkelheit und durch sein Gefälle dem Vertrauten entreißt und in die „Chaos Gallery" entführt. Wir biegen kurz in den kopfstehenden Kegel ein und werden in geradezu überirdisches Licht getaucht, um anschließend ins eigentliche Chaos gezogen zu werden, das uns in Form eines schwarzen Raumes mit gekippten Wänden aufsaugt; an ihnen hängen, geneigt und von kleinen Spots beleuchtet, Harings Werke.

Von Licht durchflutet und diese erste Höhle kontrastierend, empfängt uns im nächsten Raum die Galerie „Giant Frame", die die Kunst Harings dicht gedrängt in Salon-Hängung präsentiert: In voller Farbenpracht tanzen und zappeln die Figuren, schweben die Raumschiffe – der ganze Kosmos des Haringschen Schaffens entfaltet sich auf einmal, während sich die Architektur bescheiden zurücknimmt.

In this case, the approach through the woods, with its connotations of fairytale quests, leads you past an admittedly prosaic moment in which you have to buy your ticket, and down a hallway whose length, height, slope, and darkness funnel you away from what you know and into "Chaos Gallery," as Kitagawara has labeled the next space. At the end you briefly pivot through the inverted cone, which bathes you in otherworldly light, before turning into chaos itself, which is a black room, its walls canted, where Haring's works hang at angles, picked out by spotlights. You are now at the beginning, where Haring constructs his other world.

In contrast to this cave, the next room, the "Gallery of the Giant Frame", is a place filled with light. The artist's paintings hang straight, through "salon style," jammed in with each other. Here the art has gained color, and figures dance and jiggle, spaceships hover, and the full range of Haring's work is on display. The architecture is simple and sticks to the act of framing.

Then space explodes into the "Dream Gallery", where the purpose of the strange roof is revealed: not only does it gesture to the surroundings and its original inhabitants, but it also creates the reverse of that world, a space hovering under a white cloud. The wood floor steps up gently, becoming a stage on which Haring's sculptures disport themselves. All the openings are oversized, as are the paintings on the wall, the light washes down from below, and you feel as if you have been reborn into the particular and peculiar universe that Haring created.

After that, nothing remains but to reenter the real world; however, your perspective has changed, and Kitagawara also makes that

Danach entfaltet sich der Raum zur „Dream Gallery", wo sich der Grund für die merkwürdige Form des Daches offenbart: Sie verweist nicht nur auf die Umgebung und ihre ursprünglichen Bewohner, sondern erzeugt auch eine Umkehrung dieser Welt, ein Raum, der unter einer weißen Wolke schwebt. Der Holzfußboden steigt sanft an und wird so zur Bühne, auf der sich Harings Skulpturen darbieten. Alle Öffnungen des Raumes sind so überdimensioniert wie Harings Gemälde, das Licht strömt von unten in den Raum und man fühlt sich, als sei man in dieses sonderbare, einzigartige Haring'sche Universum wiedergeboren.

Nach dieser Erfahrung bleibt einzig die Rückkehr in die wirkliche Welt. Allerdings hat sich unsere Perspektive verändert, was Kitagawara unterstreicht, indem er uns durch einen lichterfüllten, die Eingangssituation kontrapunktierenden Gang leitet, der uns geradewegs auf das Dach des Museums führt. Es entfaltet sich zum

clear by leading you through a light-filled counterpoint to the original corridor and up onto the building's roof, which now becomes an amphitheater on which actors and dancers can perform, and from which you can view a world now framed by your past experience.

To both client and architect, this is not the end of the experience. They have developed a two-room Kurotel based on the hot springs on the site, so that you can soak in the place, the art, the architecture and their meaning for an extended period. All together, the Nakamura Keith Haring Collection is a place that uses the architecture of fragments, staged and into a theater of heaven and hell, to turn this particular place into a space through which universal forms and truths can become part of your life. The architecture is strong, as are the place and the art; they demand your attention. Through them, you become an actor in another world.

Amphitheater, zu einer Bühne für Schauspiel und Tanz, von der aus sich unserem Blick eine neue, durch unsere Eindrücke geprägte Außenwelt präsentiert.

Doch auch hier ist für Architekt und Bauherr das Erlebnis noch nicht zu Ende. Ein „Kurotel" mit zwei Zimmern bietet die Gelegenheit, nicht nur die heißen Quellen auf dem Areal zu genießen, sondern Landschaft, Kunst und Architektur für einen längeren Zeitraum auf sich wirken zu lassen.

In ihrer Gesamtheit macht die Architektur der Fragmente aus der Nakamura Keith Haring Collection ein Theater des Himmels und der Hölle, einen Ort, an dem universale Formen und Wahrheiten zum Teil unseres Lebens werden können. Die Architektur ist voller Kraft, ebenso wie der Ort und die Kunst es sind; sie fordern unsere ganze Aufmerksamkeit. Sie verwandeln uns in Akteure einer anderen Welt.

GEISTERTANZ: KOMPLEXITÄT UND WIDERSPRUCH IN DER FRÜHEN ARCHITEKTUR ATSUSHI KITAGAWARAS
GHOST DANCE: THE COMPLEXITY AND CONTRADICTION OF ATSUSHI KITAGAWARA'S EARLY ARCHITECTURE

Rise Cinema
Metroça
395 Building

Aaron Betsky

[36–41]
Kino Rise
Rise Cinema

Atsushi Kitagawara ist ein Meister der Collage, der Gebäude zum Tanzen bringt. Er bündelt Formen, zerreißt sie, zerknautscht sie, formt sie, schichtet sie über- und hintereinander, sodass sie sich jeglicher Ordnung entziehen, durchwebt diese wilde Mischung mit Rasterfragmenten, um letzten Endes funktionale Räume zu schaffen. Die Funktion folgt hier weder der Form noch der Theorie, sondern der Komposition. Die Gebäude sind nicht einfach zusammengesetzt oder in den Raum gestellt, sondern entfalten sich, um sich dann neuerlich zu falten und rhythmisch zu schließen und öffnen. Übereinander gelagerte Schirme und Stoffschichten ersetzen das eindimensionale Moment der Fassade, während die Räume sich eher übereinander türmen oder herumschlängeln, als dass sie in simpler Abfolge aneinandergereiht wären. Das Ergebnis ist überraschend, dicht und voller Effekte.

Dieser Arbeitsansatz ist eine Reaktion auf die Bedingungen, unter denen die meisten von uns leben und arbeiten. Sogar, wenn wir aufs Land ziehen, sind wir Teil einer urbanen Kultur, die unser Leben durch die permanente Bewegung von Gütern, Menschen und Informationen sowie unablässige Veränderungen jeglicher Stabilität und Sicherheit beraubt. Wie schafft man Architektur, die wenigstens ein kleines Fragment dieser im Fluss befindlichen Welt sinnvoll erscheinen lässt? Die Stadt oder eher die Metropole, unterstreicht Kitagawara, macht sich permanent bemerkbar und Gebäude müssen rätselhaft, kompliziert und widerstandsfähig sein, dürfen jedoch nicht zu festgelegt sein, um sich in einer solchen Umgebung zu behaupten. Dazu sagt Kitagawara: „Architektur … ist hypothetisch, wie eine weiße Leinwand oder eine unverständliche Form."

Kitagawara hat sich entschieden, die inhärenten Widersprüche der Metropole aufzugreifen, ja sie sogar zu verstärken. In dem Gewirr

Atsushi Kitagawara is a collagist who makes buildings dance. He gathers together forms, rips them, crumples them, shapes them, layers them on top of and past each other so that they slip by any order, weaves bits of grids through the mash-up, and finally opens the whole up to accommodate functions. Function follows neither form nor theory, but composition. The buildings do not add or stand up so much as they unfold, refold, and close and open in a rhythm. Screens and scrims layered in front of each other replace the single moment of the façade, while rooms pile up or snake around rather than developing in a simple sequence. The result is surprise, density, and a wealth of effects.

The rationale for this mode of working is a response to the conditions in which most of us live and work. Even if we make our home in the countryside, we are part of a metropolitan culture in which the continual movement of goods, people, and information and incessant change leaches any stability or certainty out of our daily lives. How does one make architecture that makes sense of even a small fraction of that floating world? Always, the city, or rather the metropolis, as Kitagawara notes, makes itself felt, and buildings must be enigmatic, difficult, and resistive—but not fixed, if they are to perform in such a setting. As the architect says: "architecture … is hypothetical, like a screen dressed in white, or an incomprehensible form."

Kitagawara has chosen to pick up and even intensify the contradictions inherent in the metropolis. Where there is a jumble of different materials, textures, and forms, he looks for the essence of those bits and pieces. Instead of regularizing them, he emphasizes their difference and the fact that they do not fit together neatly in the scene around his buildings. Where there is an intensity of uses

von verschiedenen Materialien, Texturen und Formen sucht er nach der Essenz der jeweiligen Fragmente. Anstatt sie Regeln zu unterwerfen, betont er ihre Unterschiedlichkeit und die Tatsache, dass sie in der umgebenden Stadtlandschaft kein harmonisches Ensemble bilden. Die Intensität sich überlagernder Nutzungen macht Kitagawara sichtbar und bewusst, indem er diese Implosionen in Konstruktionen umsetzt, deren Reiz durch Verdichtung und Gegenüberstellung von Funktionen entsteht. Die Dinge werden hier nicht einfach aneinandergereiht, sie werden gebündelt, verwirrt, vermischt und durcheinandergewirbelt, sodass die gelungensten Arbeiten von Kitagawara die Essenz dessen widerspiegeln, was sie umgibt. Das Ergebnis sind rätselhafte Anspielungen.
Sie sind jedoch nicht nur eine Reaktion auf den Ort. Kitagawara arbeitet auch in einer architektonischen Tradition, die auf die Collage als eines der wichtigsten, mit Form, Bild und Raum arbeitenden Instrumente der Moderne zurückgreift. Seine Entwurfsstrategie bezieht sich auf die Arbeiten von Picassso, Schwitters, Rauschenberg und anderen. Auch führt er das unter anderem von Le Corbusier und Alvar Aalto entwickelte Prinzip der Gegenüberstellung fort. Um es noch genauer zu formulieren, entspringt sein schöpferischer Impuls dem Zusammenbruch einer Moderne, die auf Abstraktion,

piled on top of each other, Kitagawara makes that implosion visible and sensible in structures that delight in their density and functional juxtaposition. Things do not add up, they conflate, confuse, comingle, and confound, so that what you get in the best of Kitagawara's buildings is the very essence of what is around them. The results remain alluringly enigmatic.
The work is not just a response to the site. Kitagawara also works within a particular tradition of architecture that reaches back to collage as one of the most significant ways in which one can create a modernist response in form, image, and space. In that sense, his design strategy builds on the work of Picasso, Schwitters, Rauschenberg, and others. It also continues the techniques of juxtaposition developed by, among others, Le Corbusier and Alvar Aalto. To be more specific, however, it also comes out of the breakdown of a modernism based on abstraction, the imposition of order and geometry, the reduction of formal expression, and the notion of contrasting with or replacing existing reality. Instead, this kind of postmodernism—of which Arata Isozaki was the most important avatar in Japan, and James Stirling in Europe—delights in, to use a pregnant phrase, complexity and contradiction. This architecture sees itself as a re-reading or re-presenting of all that makes up the

dem Diktat von Ordnung und Geometrie, der Reduktion des formalen Ausdrucks und dem Bestreben basiert, sich von der Realität abzuheben oder sie zu ersetzen. Die Vertreter dieser Ausprägung der Postmoderne – deren wichtigste Protagonisten in Japan Arata Isozaki, in Europa James Stirling waren – schätzen Komplexität und Widerspruch, um es einmal anspielungsreich zu formulieren. Diese Architektur begreift sich als Re-Interpretation oder Re-Präsentation all dessen, was die Realität der modernen Welt ausmacht. Sie ordnet sie neu an und macht sie uns durch Ironie, Scharfsinn, Humor, Andeutungen oder eigenwillige Intensität bewusst.

Ein Paradebeispiel dafür ist das Gebäude 395 in Minato-ku. Entworfen unmittelbar nach Kitagawaras ersten Erfolgen mit mehreren aufsehenerregenden Architekturentwürfen, bietet es, wie bei solchen Projekten junger Architekten häufig der Fall, seine Techniken und Ausdrucksmittel in komprimierter Form dar. In einer Nebenstraße eines eleganten Viertels gelegen, beherbergt es die Wohnung des Hausbesitzers sowie vermietbare Büroräume und einen Atelierbereich, der Kitagawara selbst acht Jahre lang als Studio diente.

reality of the modern world, rearranged and made evident with irony, whit, whimsy, intimation, or pure willful intensity.

A case in point is the 395 building in Minato-ku. Designed during the period just after he came to prominence through the design of several notable structures, it is, as many such projects are for young architects, a compact exposition of his techniques and tools. It is sited on a non-descript street in an elegant neighborhood, and its program combines the apartment of the house owner with a rental office and an atelier space that served as Kitagawara's own studio for eight years.

Kitagawara presents the studio, which took up the ground and basement floors, the office on the first floor, and the apartment on the top, as a composition of three blocks, a wedge, and a crumbled, gold-colored prop wedged between those four. Unlike what you might expect, however, these pieces do not represent the internal volumes, but rather offer themselves against the surroundings as moment of almost monumental compaction. The building blocks push and pull against each other, held in place by the prop,

Das Studio, das sich im Erd- und Untergeschoss befand, das Büro im ersten Geschoss und die Wohnung im obersten Geschoss ergeben eine Komposition aus drei Blöcken, einem Keil und einem goldfarbenen gefalteten Element, das zwischen diese vier Baukörper geklemmt ist. Anders als man vielleicht erwarten würde, repräsentieren diese Baukomponenten nicht die inneren Volumina, sondern stellen eher eine fast monumentale, sich gegen das Außen abhebende Verdichtung dar. Die Gebäudeblöcke ziehen und drücken gegeneinander, wobei sie von dem Zwischenelement in Balance gehalten werden, sodass das Gebäude weniger eine Fassade aufweist, als vielmehr eine Kulmination von Druck- und Zugkräften, die sich in die angedeuteten Innenräume entfalteten. Wenn man sich dem Eingang nähert, erweist sich einer der Blöcke als Fläche, die Zutritt zu einer schiefwinkligen Treppe gewährt. Tritt man in den Schatten der Blöcke, tauchen immer neue Formen auf und die Komposition verdichtet sich, je näher man dem Eingang kommt.

In dem Studio hat Kitagawara zwischen Betonstützen und - trägern ein Moment von Transparenz geschaffen. Doch sogar dieser Raum von doppelter Höhe wirkt nicht einfach und klar: Eine schiefwinklige Wand strebt an der einen Seite empor und greift so mit starker Geste in den funktionalen Raum ein. In den oberen Geschossen sind Büro und Wohnung recht standardmäßig gestaltet, wenn man von der Collagierung eines Tatamiraums für Teezeremonien in das

with the result that there is not so much a façade as a building up of push and pull that unfolds towards the implied interiors. As you move towards the entrance, one of the blocks turns out to be just a plane, allowing an angled stair to slip in-between. As you fall into the shadow of the blocks, more forms appear, and the intensity of the composition only increases until you enter.

There, in the studio, Kitagawara has created a moment of openness carved out between concrete columns and beams. Even this double-height space is not clean and clear, though: an angled wall rises up to one side, intruding and gesturing into the functional space. Upstairs, the office and the apartment are laid out in a fairly standard manner, except for the collage of a tatami-matted room that the owner uses for tea ceremonies into the "western" design of the unit. The whole building is a puzzle of forms and spaces, making the most of its site and giving back space and form.

While the 395 Building—the home, office, and studio is known by its address—is a solid shape of great complexity, the Metroça Building, which he designed at the same time, is even more compacted, but also somewhat simpler. On one side of this corner apartment building, the façade consist of three elements: a translucent metal screen in front of a staircase; a white stucco wall with no windows; and a low, angled black wall that screens the entrance. On the other exposed façade, a gray stucco wall gives way to another

ansonsten „westliche" Design absieht. Das ganze Gebäude ist ein Puzzle aus Formen und Räumen, das das Grundstück optimal nutzt und ihm wieder Raum und Form gibt.

Zeichnet sich schon das Gebäude 395 – Wohnung, Büro und Studio sind unter ihrer Adresse bekannt – durch eine solide Form von großer Komplexität aus, ist das Metroça-Gebäude, das er zur selben Zeit entworfen hat, sogar noch kompakter, in gewisser Weise aber auch einfacher. Auf der einen Seite besteht die Fassade dieses an einer Ecke gelegenen Apartmenthauses aus drei Elementen: ein lichtdurchlässiger Metallschirm, der ein Treppenhaus erahnen lässt; eine fensterlose weiße Stuckwand; eine niedrige, schiefwinklige Mauer, die den Eingang abschirmt. An der anderen Fassade läuft eine graue Stuckwand auf eine gefaltete Blechwand zu, die hier aus vertikalen, silbernen Streifen besteht, die den dahinterliegenden Hofbereich abschirmen. Der Betonrahmen des Gebäudes tritt hier selbstbewusst zutage und umrahmt die kleine, gemeinschaftlich genutzte Fläche im wörtlichen wie im übertragenen Sinne. Gebäudestruktur, Offenheit und Leere sind die Grundmotive dieses Entwurfs. Die Schirmwände und Verhüllungen ermöglichen den Bewohnern eine Auseinandersetzung mit diesen Phänomenen und bereichern die Komposition durch ihre geheimnisvolle Komplexität.

Das Wohngebäude besteht aus sechs winzigen Einheiten, die Kitagawara dicht nebeneinander und zum Teil übereinander geschoben hat. Drei der Einheiten sind Maisonette-Wohnungen, die drei im

metallic accordion; this one is vertical with silvery slices that acts as a screen to the interior courtyard beyond. Here, the building's concrete frame comes out to state itself, framing the shared bit of space both literally and figuratively. Building structure and open and void are the main themes of this design, and the screens and scrims that allow users to negotiate those facts are what add the sense of enigmatic complexity to the composition.

The apartment building consists of six tiny units Kitagawara managed to slide next to and partially on top of each other, with three of the units being duplexes, and the three bottom or basement ones containing no more than one room. What makes this work is the interior courtyard, a void extending two floors underground to provide light to the lowest spaces. The appearance of this space is monumental in relation to its actual size. Kitagawara achieved this effect by contrasting one grid of white-painted metal and translucent glass panels partially hiding a concrete grid, with an open, stucco-clad grid painted in a salmon color and a white wall on the remaining, closed façade. Elements protrude into the courtyard. They range from a staircase whose structure consists of an expressive metal skeleton, to angled beams. This is the place where the architect creates a communal and shared, but not unified or imposing, identity for this mini-community. Even so, what is remarkable is the variety and the openness of the tiny apartments —an effect Kitagawara achieved not only by clever arrangement,

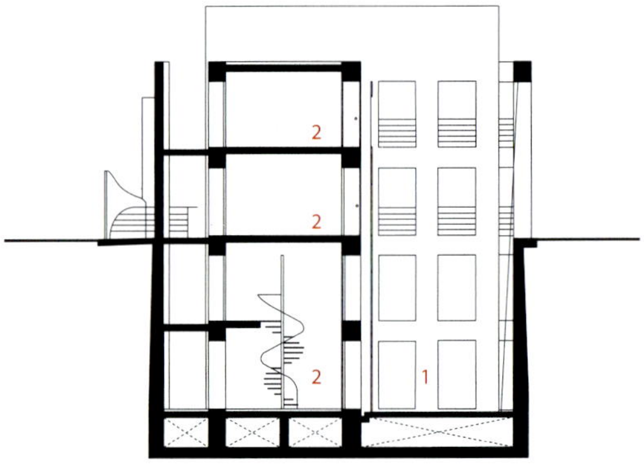

Metroça Schnitt Metroça Section
1 abgesenkter Hof (2. UG)
Sunken courtyard (B2)
2 Wohnung
Apartment

[42–44]
Metroça
Metroça

Erdgeschoss beziehungsweise Untergeschoss liegenden bestehen nur aus einem einzigen Raum. Was den Reiz dieses Entwurfs ausmacht, ist der Innenhof, ein Leerraum, der zwei Geschosse in die Erde eingelassen ist, um auch die untersten Räumen mit Tageslicht zu versorgen. Dieser Hof wirkt geradezu monumental im Vergleich zu seiner tatsächlichen Größe. Diesen Effekt erreichte Kitagawara durch die Kontrastierung eines Rasters aus weiß gestrichenem Blech und transluzenten Glasflächen, die teilweise ein Betonraster verbergen, mit einem offenen, stuckverkleideten Raster in Lachsrot und einer weißen Wand an der verbleibenden, geschlossenen Fassade. Elemente ragen in den Hof hinein. Sie reichen von einer Treppe mit einer expressiven Metallskelettkonstruktion bis hin zu schiefwinkligen Trägern. An dieser Stelle schuf der Architekt dieser kleinen Gemeinschaft einen Ort der Identifikation, ohne jedoch vereinheitlichend oder bestimmend wirken zu wollen. Wirklich bemerkenswert ist allerdings die Vielfalt und Offenheit der kleinen Apartments – ein Effekt, den Kitagawara nicht nur durch intelligente Organisation erreichte, sondern auch durch die Betonung der Betonkonstruktion, die Rahmung von Gebäudeöffnungen und das Verschieben von Elementen wie Treppen in der Gebäudestruktur, die so zu Blickfängern werden.

Das Meisterstück der frühen Schaffensperiode Kitagawaras ist jedoch zweifelsohne das Rise Cinema. In Shibuya, Tokios auf jugendliche Besucher ausgerichteter Shopping- und Ausgehmeile, gelegen, wächst das Kinogebäude seinem Namen gemäß zwischen abschüssigen Straßen empor und wölbt sich in einer Geste hervor, die die Essenz dessen verdinglicht und sichtbar macht, was geschieht, wenn man gemeinsam im dunklen Saal einen Film anschaut. Kitagawara unterstreicht dies durch eine rhetorische, jedoch fast surreale Geste, indem er einen dunklen, metallenen Vorhang über den Hauptkörper des Gebäudes legt, der dann an der Ecke zurückgezogen wird, um die nackte Konstruktion der Halle zu offenbaren. Wenn man sich also in Shibuya durch den Wald aus Zeichen und Gebäuden windet, sieht man irgendwann, wie der Vorhang sich hebt, um den Blick auf die Vorstellung freizugeben – die in diesem Fall das Gebäude selbst ist.

Das bestimmende Formelement des Gebäudes ist die Wölbung oder Rundung – irgendetwas zwischen Zikkurat und Dom –, die der Vorhang scheinbar kaum umschließen kann. An die größere Straße setzte Kitagawara eine große Plakatwand zur Ankündigung der Abendvorstellungen und integrierte das Kino so in das es umgebende Gewebe aus Werbeflächen. Zur kleineren Gasse hin wölbt sich der Dom hinter einem Überwurf aus texturiertem, geraster-

but also by expressing the concrete structure, framing openings, and sliding elements such as stairs by the structure to become focal elements.

The masterpiece of Kitagawara's early period, though, is without a doubt the Rise Cinema. Sited in Shibuya—the center of Tokyo's youth-oriented nightlife and shopping—the theater, true to its name, rises up between sloping alleys, bulging out from its corner with a gesture that makes physical and visible the essence of seeing a show in a darkened place together. Kitagawara makes the point in an almost rhetorical, but also surreal gesture: a dark metal curtain draped over the cinema's main volume pulls back at the corner to reveal the hall's naked structure. So, as you wind your way through the forest of signs and structures in Shibuya, you see the curtain rising to reveal the spectacle—which in this case is the building itself.

That structure's predominant form is a bulging, rounded one – somewhere between a ziggurat and a dome—which the curtain seems to be unable to contain. On the larger street, Kitagawara made room for a large movie billboard advertising the interior spectacle of the evening, thus integrating the cinema into the advertising fabric of its context. On the smaller alley, the dome droops down behind a drape of textured and gridded concrete, which at the base disappears behind the angled glass curtain wall through which you can see the lobby and its café. This second cowl then snakes down and around before ending in front of a concrete plug, housing the back-of-the-stage areas of the backmost cinema, which plunges down behind the loading and service area. Back in the front, the prop that Kitagawara was so fond of using during this period as a way to not so much resolve, as make clear the active nature of his compositions, consists of black-painted, vertical metal slats that mark and surmount the corner entrance. Another concrete ziggurat rises up behind that moment of entry.

The complexity of this particular composition is a response to a neighborhood that is famous for the jarring juxtaposition of its various elements, which consists as much of billboards and electric poles, street advertising, and neon lights, as they do of built elements. Kitagawara drinks in all of these elements and then hangs them on a building that appears massive—a mute form answering this cacophony with a mystery. That silence invites you in.

Inside, Kitagawara uses the site's compaction and the need to fit the various cinemas into the site to his advantage, creating vertiginous slots through which the various volumes rise up, the stairs and various structural elements cross, and light penetrates down

tem Beton, der im unteren Bereich hinter einer schrägwinkligen, gläsernen Vorhangwand, die den Blick auf Lobby und Café freigibt, verschwindet. Diese zweite Hülle schiebt sich dann weiter vor bis zu einem Verschlusskörper, der den Backstagebereich des hintersten Kinos beherbergt, das tief hinter dem Anlieferungs- und Servicebereich liegt. Am Eingang wiederum findet sich ein Element, das Kitagawara während dieser Schaffensperiode gern einsetzte, um den aktiven Charakter seiner Kompositionen zu betonen und ihn nicht etwa aufzulösen. Hier sind es schwarz gestrichene, vertikale Metalllamellen, die den Eckeingang markieren und überragen. Eine weitere Zikkurat aus Beton erhebt sich hinter dem Eingangsbereich.

Die Komplexität gerade dieser Komposition ist die Reaktion auf eine Umgebung, die für das schrille Nebeneinander ganz unterschiedlicher Elemente bekannt ist und aus Plakatwänden, Strommasten, Reklameschildern und Neonlichtern ebenso besteht wie aus tatsächlichen Gebäuden. Kitagawara adaptiert all diese Elemente und drapiert sie an einem massiv wirkenden Gebäude – eine stumme Form, die auf die sie umgebende Kakophonie mit einem Geheimnis antwortet. Diese Stille lädt uns ein.

Im Inneren nutzt Kitagawara die Dichte des Ortes und die Vielzahl der unterzubringenden Kinosäle zu seinem Vorteil, indem er schwindelerregende Schlitze schafft, durch die die verschiedenen Volumina emporwachsen, die von Treppenläufen und verschiedenen Gebäudeelementen durchkreuzt werden und durch die das Licht in die unteren Bereiche dringt, bevor man in die Dunkelheit des eigentlichen Kinosaales eintaucht. Oben hängt ein weiterer Vorhang vor einer Betonwand herab und erinnert an die Geste, die einen anfänglich in das Gebäude lockte.

In den 1980er Jahren wurde das Rise Cinema zu einer Ikone, nicht nur in Shibuya, sondern in ganz Tokio und darüber hinaus. Ich wählte es für die Titelseite meines ersten Buchs, *Violated Perfection*, aus. Es war und ist ein stummes Zeichen für die Unfähigkeit der Architektur, Gebäude mit einem von permanenten Veränderungen und einer Intensität der Zeichen geprägten urbanen Umfeld in Wettbewerb treten zu lassen. Es setzt die Stummheit von Beton und Stahl sowie seine Größe und Abgeschlossenheit all der Bewegung und Bedeutungsfülle entgegen. Gleichzeitig akzeptiert und nutzt es den fragmentierten Charakter sowohl des Raums als auch der Zeichen, die dieses urbane Umfeld prägen. Es steht nicht für die Vielfalt der

into the lower spaces before you enter the darkness of the actual cinema. Upstairs, another curtain drapes down a concrete wall, reminding you of the gesture that invited you in the first time.

In the nineteen-eighties, the Rise Cinema became an icon, not only in Shibuya, but also in Tokyo and beyond—I featured it on the cover of my first book, *Violated Perfection*. It was, and is, both a mute sign

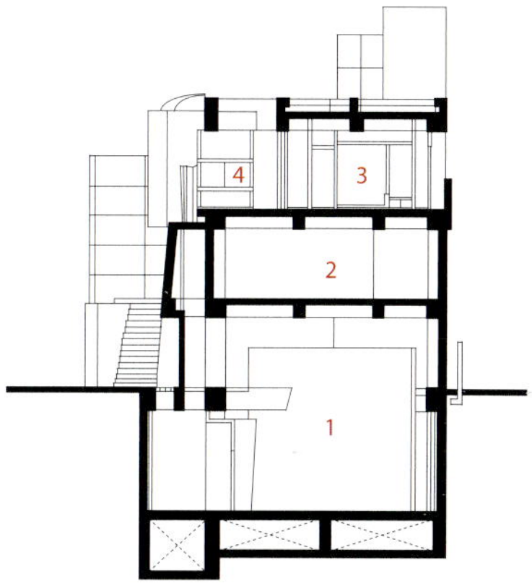

395 Schnitt 395 Section
1 Atelier
Studio
2 Büro
Office
3 Residenz des Besitzers
Owner's residence
4 Teezeremonieraum
Tea ceremony room

[46–48]
Haus 395
395 Building

hier möglichen Erfahrungen, sondern für die Art und Weise, auf die es uns den Charakter dieser verschiedenen Erfahrungen bewusst macht. Dabei entsteht eine verbindungsreiche Komposition, die, wenn sie auch die komplexe, widersprüchliche, menschengemachte Realität nicht erklären kann, uns doch zumindest ihre Möglichkeiten auskosten sowie die Nähe und gleichzeitige Vermeidung des Chaos mit gespannter Neugier erleben lässt.

In den Jahren nach der Entstehung dieser drei Gebäude entwickelte Kitagawara seinen Geistertanz von sich in der Enge der urbanen Grundstücke noch ausgelassener entfaltenden Formen, indem er sie verfeinerte, ohne ihnen die Kraft zu nehmen. Das 2002 entstandene japanische PEN-Zentrum wäre hierfür ein gutes Beispiel. Er arbeitete nun in größerem Maßstab, wodurch er sich nicht mehr gegen das Chaos abgrenzen konnte. Dafür konnte er aber seine Collagen nun streuen und auf weiträumigeren Geländen verwirklichen. Er wurde auch direkt als Bühnenbildner tätig und arbeitete mit Choreografen wie Jiři Kirylán zusammen, sodass der inszenatorische Charakter seiner Kompositionen und räumlichen Durchschneidungen klarer zutage trat. Kitagawaras Arbeit hat sich zu Formen hin entwickelt, die zunächst weniger wild und variationsreich wirken als jene seiner frühen Bauwerke, die sich in so großer Komplexität und scheinbarem Widerspruch auf kleinen Grundstücken in Erfüllung des erforderlichen Raumprogramms entfalten. Letztlich sind seine neueren Arbeiten aber genauso seltsam, überraschend und interpretationsoffen wie seine frühen Aufträge.

Mit den drei oben genannten Gebäuden wurden jedoch all diese Elemente das erste Mal klar formuliert. Hier hat Atsushi Kitagawara das erste Mal eine „unverständliche Form" geschaffen, die jedoch als „hypothetische" Antwort auf die provisorische, instabile Stadtlandschaft vollkommen sinnvoll erscheint. Mit dem Gebäude 395 brachte er die Stadt an einem Ort zum Arbeiten und Leben zur Ruhe und schuf ein Moment monumentaler, wenngleich stets geheimnisvoller, schwer fassbarer Klarheit. Das Metroca-Apartmenthaus wurde zu einer Oase, die sich zwischen den Schutzschirmen auftut, aus denen private Zonen im urbanen Raum geschaffen werden, in denen wir uns dennoch als Teil einer größeren Gemeinschaft fühlen können. An einem Ort voller Zeichen und fluktuierender Bilder machte Kitagawara das Rise Cinema selbst zum Zeichen. So präsentierte er die Architektur als aktiven Teilnehmer an jener Kultur flimmernder Bilder und verankerte dieses Spektakel in einer Form, die zurückhaltend genug war, all das sie Umwirbelnde abzuwehren und zu absorbieren. Dies waren die ersten Schritte des architektonischen Geistertanzes Atsushi Kitagawaras.

representing architecture's inability to use buildings in competition with an urban scene marked by continual change and an intensity of signs. It posed the very muteness of concrete and steel, as well as its scale and enclosure, as an antidote to all that movement and meaning. At the same time, it accepted and used the fractured nature of both space and signs that this urban environment had produced, and celebrated it not for the variety of experiences it could offer, but for the manner in which it could make us aware of the character of these different experiences, producing a connective composition that, if it did not make sense of the complex and contradictory, human-made reality, at least let you exult in its possibilities and thrill in its very nearness, but avoidance, of chaos.

In the years after Kitagawara designed these three buildings, he developed his ghost dance of forms disporting themselves around tight urban sites ever further, finding ways to refine their forms without using their power—the 2002 building for the Japanese chapter of PEN would be a good example. He began to work on larger scales, which did not allow him to avoid the nearness to chaos, but let him mete out the collages in more extended paths and across expansive spaces. He also delved directly into stage design, collaborating with choreographers such as Jiři Kirylán, so that the staged nature of his compositions and spatial cuts became more evident. Kitagawara's work developed towards forms that initially seem less frenetic and varied than the pieces that disport themselves with such complexity and seeming contradiction on the small sites and around the complex programs at hand, but that manage to be as strange, open to interpretation, and full of surprise as those of his early commissions.

It was in these three buildings, however, that all the elements first became clear. Here Atsushi Kitagawara first created "incomprehensible form," which actually made perfect sense as a "hypothetical" answer to a provisional and unstable urban scene. In the 395 Building, he brought the city to rest in a place to work and live, making a moment of monumental, though always enigmatic and elusive, clarity. In the Metroça apartment block, he found the possibility of an oasis sliding open between the screens with which we make private spaces in the public city and yet still feel part of a larger community. In the Rise Cinema, he made a marker out of a place of signs and floating pictures, revealing architecture as an active participant in that culture of flickering imagery, while anchoring that spectacle in form mute enough to withstand and absorb all that that swirls around it. These were the first moves in the ghost dance of Atsushi Kitagawara's architecture.

BIG PALETTE FUKUSHIMA

Marco Imperadori

Die ikonische Big Palette Fukushima in Koriyama, in der Präfektur Fukushima ist ein großer Ausstellungs- und Konferenzkomplex mit einer Gesamtnutzfläche von 23.000 Quadratmetern.

Der Bau befindet sich in einem Talbecken, das seit der Meiji-Epoche durch den Asaka-Kanal, der Edo (das spätere Tokio) und Sendai miteinander verband, mit Wasser versorgt wurde. Dadurch konnte sich die Gegend zu einem landwirtschaftlichen und industriellen Zentrum entwickeln; Wasser ist daher von großer symbolischer Bedeutung für diese Region. Und die Wassermetapher prägte auch Kitagawaras 1995 präsentierte Entwurfsidee für das Gebäude. Das wird sichtbar in der Wahl der Materialien für Dächer und Fassaden, auf denen das Licht spielt und sie durch Reflexion, Lichtbrechung und Schatten in permanente Bewegung zu versetzen scheint. So stellt sich das Gebäude, je nach Sonnenstand und Wetterbedingungen, jedem Besucher anders und neu dar.

In seinem Beurteilungsschreiben für den AIJ Award 2000 empfahl der berühmte japanische Architekt Fumihiko Maki Kitagawaras Entwurf mit den Worten: „… die Philosophie des ‚Weniger ist mehr' wird widerlegt. Stattdessen schafft Atsushi Kitagawara eine neue, sensible Architektur..." Das Gebäude folgt einer eigenen, neuen Ästhetik, die eine freie, innovative und nie da gewesene Form hervorbringt.

Die Konstruktion zeigt als riesiges, sichtbares Skelett ihre Kraft und enorme Spannweite und stützt so das sogenannte „Mutter-

The so-called Big Palette Fukushima in Koriyama, Fukushima prefecture, is an iconic building conceived as a large-scale exhibition and conference hall complex with a total floor area of 23,000 square meters.

Big Palette Fukushima is located in a basin that has been served by water since the Meiji period, thanks to the Asaka Canal that connected Edo (Tokyo) to Sendai and which transformed the whole area into an agricultural and industrial center. Water is therefore a strong symbol of this area. Water is also the metaphor that was proposed by Kitagawara in 1995 as a concept for the building. This is visible in the choice of materials for roofs and façades, which always aims at creating vibrations of light, reflections, refractions, and shadows. So, depending on sun and environmental conditions, the experience of each visitor will always be new and variable.

In the candidate recommendation made by Fumihiko Maki for the AIJ Award 2000, the famous Japanese master wrote that "...the philosophy of 'Less is more' is negated. Instead Atsushi Kitagawara gives birth to a new, sensible architecture..." Kitagawara creates new aesthetics for this building, obtaining a free, novel and unseen shape.

Structure, as a big visible skeleton, is shown in its power and long span dimension, supporting what is called the "Mother Roof" over the interior and exterior spaces. The load-bearing elements follow the form, creating free, open spaces under huge spans. This monu-

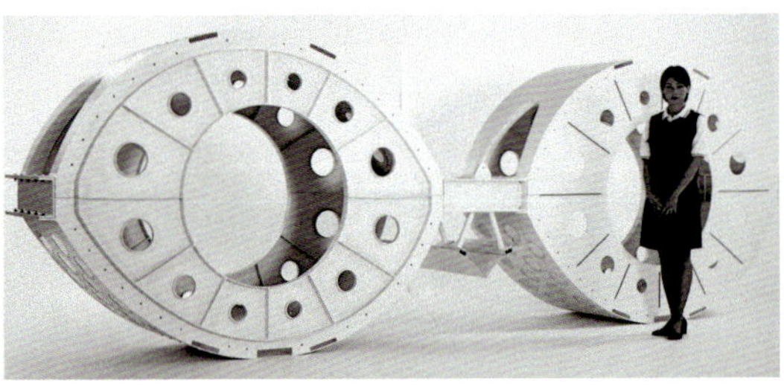

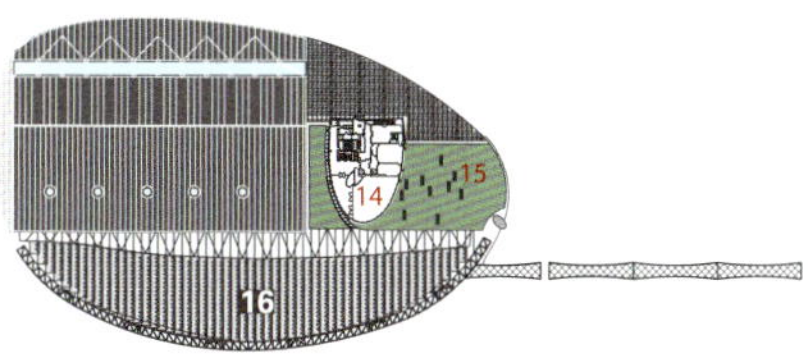

4F plan
Grundriss 3.OG

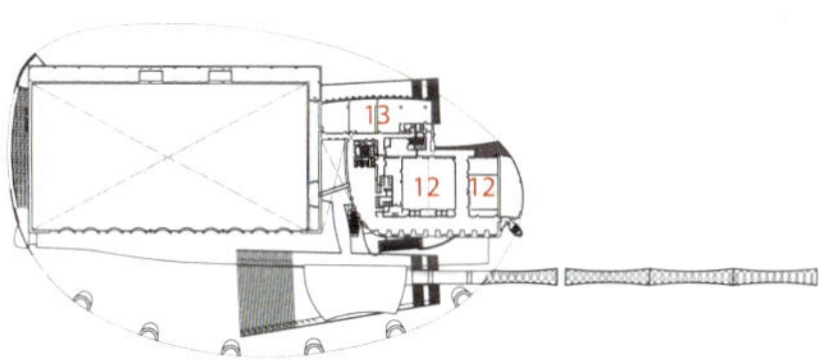

3F plan
Grundriss 2.OG

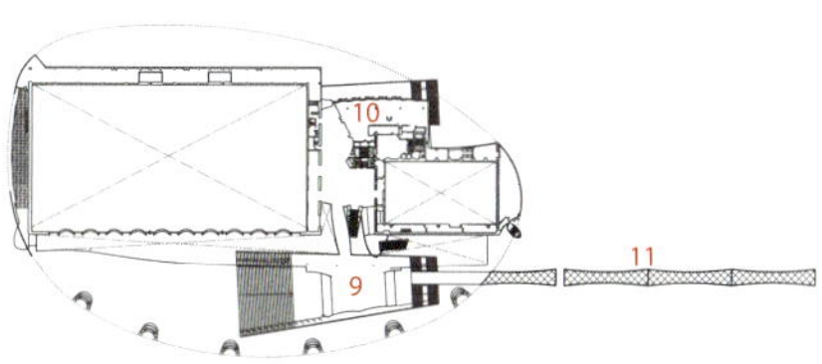

2F plan
Grundriss 1.OG

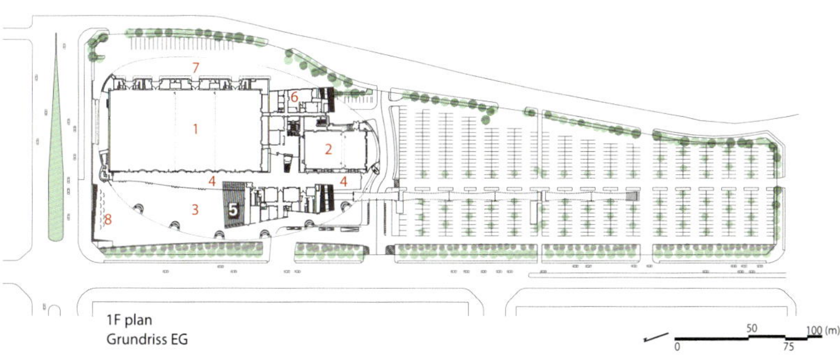

1F plan
Grundriss EG

1 Mehrzweck-Messehalle Multipurpose exhibition hall
2 Konferenzsaal Conference hall
3 Freiluft-Ausstellungsfläche Outdoor exhibition space
4 Foyer Foyer
5 Stufenbühne Step stage
6 Verwaltung Administration
7 Anlieferung per Lastwagen Truck yard (delivery)
8 Windschutz Wind protection screens
9 Eingangslobby Entrance lobby
10 Restaurant Restaurant
11 Fußgängerbrücke Pedestrian bridge
12 Besprechungsraum Meeting room
13 Büro Office
14 VIP-Bereich VIP room
15 Begrüntes Dach Green roof
16 Dach aus CFK (carbonfaserverstärkter Kunststoff) CFRP (carbon fiber reinforced plastic) roof

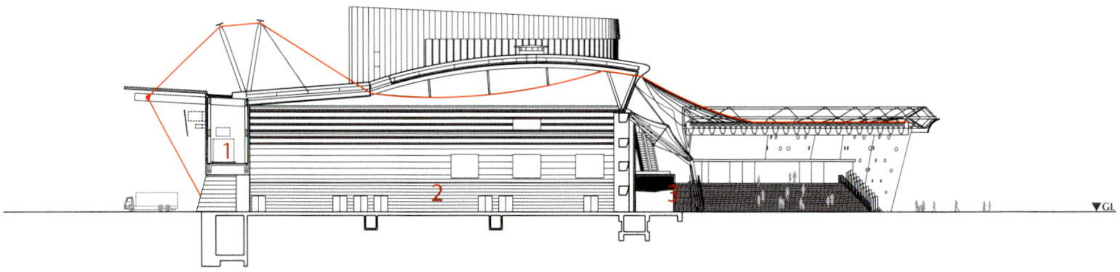

1 Technik Technical space
2 Messehalle Exhibition hall
3 Foyer Foyer

dach", das die Innen- und Außenräume überspannt. Die tragenden Elemente passen sich dieser Form an, wodurch offene, großzügig überdachte Räume entstehen. Die Monumentalität der Konstruktion steht in deutlichem Kontrast zu der eleganten Art und Weise, in der jede einzelne Oberfläche und jedes kleinste Detail entwickelt wurden.

Die Druck- und Zugspannungen zwischen den einzelnen Elementen und innerhalb der gesamten Hallenstruktur sind offen und klar ablesbar. Jedes einzelne Tragwerkselement hat einen starken technischen Ausdruck, der Ästhetik mit Funktionalität verbindet, ohne formalistisch zu sein.

Das Außendach, das die Haupttreppe und die Freiluftplaza überspannt, besteht aus kohlenfaserverstärkten Kunststoffelementen (CFK) in zylindrischer Form, die durch Stahlstreben miteinander verbunden sind. Die gigantische Tragkonstruktion verleiht dem darunterliegenden Raum einladende Großzügigkeit und Weite und ermöglicht zudem Durchblicke auf die umliegende Landschaft. Auch im Inneren des Gebäudes reißt die Verbindung zum Außenraum nicht ab.

Als Inspiration für den Entwurf dienten Insekten und Blätter ebenso wie Rennräder und Yachten. Bestimmend für den Entwurfsprozess war der Versuch, die Details der Konstruktion wie auch das

mentality in the structure clearly contrasts with the elegant and intelligent way of treating every surface and every detail.

All of the elements, as well as the large hall structure, are clear and never-hidden combinations between compression and tension elements. Every single structural element is expressive but essential, and of strong aesthetics, without being simply formalistic, thanks to the clever use of technical expression.

The open-air roof that covers the main entrance staircase and the open air plaza is made of carbon-fiber-reinforced plastic (CFRP) in cylindrical shapes, in conjunction with steel rib elements. As a result of the large span structure, all of the space below remains wide open and the view penetrates inside, welcoming visitors and maintaining contact to the surrounding landscape once within.

Inspired by the structures of insects, racing bicycles, yachts, and leaves, the whole design process was an exercise in allowing each element and the whole appear smaller, thinner, and lighter. All of the details were carefully studied to achieve structural continuity in the morphological variations, to create a sense of human scale. The same method was applied to the textures of the walls, with the aim of dissolving their sense of enclosure. All of this reinforces the concept of the ephemeral and metamorphic, both for structures and partitions. As Fumihiko Maki states: "In spite of being such

Gebäude als Ganzes immer zarter, filigraner und leichter erscheinen zu lassen. Alle Details wurden sorgfältig untersucht, um sie dem menschlichen Raumempfinden maßstäblich anzugleichen und eine strukturelle Kontinuität der Formvarianten zu garantieren. In selber Art wurden die Texturen der Wände entworfen, um ihre einschließende Wirkung aufzuheben. Sowohl die Konstruktion als auch die Wände entsprechen dem Leitmotiv des Flüchtigen, Wandelbaren. Fumihiko Maki merkt dazu an: „Trotz der groß angelegten Architektur rufen die Makro-Texturen der Oberflächen quasi haptische Eindrücke hervor und geben uns so durch ihren menschlichen Maßstab das Gefühl, dass das Gebäude unseren Körper zärtlich umhüllt."

Das Gebäude wird zur architektonischen Oase, seine Ränder verschmelzen mit der Umgebung. Was Kitagawara als „metamorphes Wasser" bezeichnet, dehnt sich aus und zieht die Umgebung, die Stadt und die Besucher in seinen Bann.

Fumihiko Maki führt weiter aus, dass „man beim Erklimmen der

large-scale architecture, the macro-scale textures of the surfaces create delicate, haptic sensations and a human scale, which make us feel that the building gently wraps around our body."

This building is therefore an architectural oasis with edges that are osmotic with the outer landscape. What Kitagawara calls "metamorphic water" expands to attract the surroundings, the city and visitors.

Again, Fumihiko Maki notes that "Upon climbing the large stairs right below the huge roof, there consecutively appear porous louvers, teflon membranes and escalators that connect the various facilities within the field of vision. They superpose to create a beautiful poetry of light and space." The allegory of water seems like a dream, where the fluidity of spaces and functions is facilitated by the fluidity of reflections and shimmers or shadows created by the envelopes.

Big Palette Fukushima shows how design and built environment can dialogue with nature, with a dialectic and not always mimetic,

großen Treppen bis unter das riesige Dach fortlaufend Lochbleche, Teflonmembrane und Rolltreppen passiert, die die unterschiedlichen Gebäudebereiche, welche auf einen Blick zu erfassen sind, verbinden. Diese Elemente überlagern sich, um eine Sinfonie aus Licht und Raum zu schaffen." Die Allegorie des Wassers wirkt wie ein Traum, in dem sich das Ineinanderfließen der durch die Hülle erzeugten Lichtreflexe, der Flimmer und Schatten, im Fluss der Räume und Funktionen fortsetzt.

Die Big Palette Fukushima zeigt, wie Entwurf und Gebäude in einen Dialog mit der Natur treten können, dessen starkes Wesen in der Dialektik und nicht unbedingt in der Nachahmung liegt. Die osmotische Beziehung zwischen Landschaft und Architektur steht für die offene Struktur dieses Gebäudes. Seine soziale Funktion zeigte sich schließlich, als Abertausende in den Wirren nach dem Tsunami hier für Monate ein Asyl fanden und sich eine Solidarität entfaltete, die den Menschen nach der Naturkatastrophe Halt bot.

but expressive goal. The osmosis of landscape and "architecture-scape" demonstrates the open texture of this building and its social role was confirmed when thousands of people were hosted inside for months in the aftermath of the tsunami, creating a kind of community inside the building that protected them after the natural disaster.

HIGASHI NIHONBASHI POLIZEIWACHE
HIGASHI NIHONBASHI POLICE BOX

Kathrin Sauerwein

Wichtiger Bestandteil des japanischen Polizeisystems sind die sogenannten Kōban – kleine Wachstationen, die engmaschig über die Stadtviertel verteilt sind und dadurch intensiven Kontakt mit der Bevölkerung ermöglichen. Sie sind rund um die Uhr mit circa drei Polizisten besetzt. Das überschaubare Raumprogramm umfasst die Wachstube, Lagerräume, sowie Schlaf- und Essgelegenheit für die diensthabenden Beamten.

Kitagawara schafft es, aus dieser sehr begrenzten Aufgabenstellung heraus ein Gebäude zu kreieren, das trotz oder auch gerade wegen seiner nur 35 Quadratmeter Grundfläche emblematisch für Tokio ist.

Mit einem Augenzwinkern setzt er sich über die Forderung der Moderne nach Korrespondenz von Funktion und Erscheinungsbild hinweg – aus Sicherheitsgründen wäre doch schließlich eine Ablesbarkeit der Funktionen nach außen nicht wünschenswert – und konzentriert sich darauf, basierend auf einer Interpretation der Arbeit der Polizei eine abstrakte Metapher der Stadt zu entwerfen.

Das Grundstück ist eine dreieckige Insel, umgeben von drei stark befahrenen Straßen, gelegen im Tokioter Viertel Nihonbashi, im sogenannten Shitamachi, dort, wo zu Zeiten Edos das Stadtzentrum war. Geschickt nutzt der Architekt das Potenzial dieses Ortes als Bühne für die Ergründung dessen, was Stadt ausmacht. So ist das Gebäude eine Addition zweier kontrastierender Baukörper, die unterschiedliche Aspekte der Stadt versinnbildlichen: Der eine Körper ist ein Sichtbetonskelett mit Proportionen, die dem goldenen Schnitt entsprechen. Der andere hingegen ist eher ein von einem semitransparenten Metallgewebe umschlossener organischer

The so-called Kōban are an important part of the Japanese policing system. These small guardhouses are tightly distributed throughout the city districts, thus facilitating close contact with the population. They are run around the clock by about three police officers; the modest spatial program consists of a guardroom and storage rooms, as well as sleeping and dining spaces for the officers on duty.

Kitagawara has managed to create a building from a very limited brief, which has become symbolic of Tokyo despite its thirty-five-square-meter ground floor area.

He defies the modern expectation of "form follows function" tongue-in-cheek—for security reasons, legibility of the functions from outside is not necessarily desirable—and instead concentrates on designing an abstract metaphor of the city based on an interpretation of the work that the police do.

The site is a triangular island surrounded by three busy streets in the Tokyo district of Nihonbashi, in the so-called Shitamachi, where the city center was located during the Edo era. The architect cleverly used the potential of this site as a stage for philosophical exploration of what comprises the city. The building is therefore a combination of two contrasting volumes, which epitomize different aspects of the city. One of the volumes is a fair-faced concrete skeleton whose proportions correspond to the Golden Section. The other building volume is more of an organic hollow space surrounded by a semitransparent metal mesh than a massive volume, and thus forms a strong contrast to the stringent and massive fair-faced concrete volume.

 Higashi Nihonbashi Polizeiwache Higashi Nihonbashi Police Box 35°41'42.09" 139°47'06.24"

HOBBY
CRAFT
marbee7

中国料理

Hohlraum als ein massiver Körper und bildet so einen starken Gegensatz zu dem strengen und massiven Sichtbetonvolumen.

Kitagawara sieht den Kern der polizeilichen Wachstubenarbeit ganz abstrakt in der Aufzeichnung und Archivierung von Ereignissen: Jeder Unfall, jedes Verbrechen wird minutiös vermessen und aufgenommen. So erinnert der strenge Rahmen des Sichtbetons mit den farbigen, eingeschobenen Körpern dann auch entfernt an ein Regal, in das unterschiedliche Vorkommnisse eingelagert wurden.

Aber gibt es nicht auch Dinge in dieser Stadt, die objektiv-wissenschaftlich nicht erfassbar sind? Das Körperlose, Ephemere und Atmosphärische der Stadt, ihr Chaos und ihre unbestimmte Zukunft – das versinnbildlicht der organische Metallgewebehohlraum. Das Gebäude kann also gelesen werden als ein Bild der Seele der Stadt und ihres Beobachters, der erfolglos versucht, sie festzuhalten.

Die öffentlich zugängliche Wachstube ist in den Hohlraum des Metallgewebes eingestellt und wird von der Spitze des dreieckigen Grundstückes her betreten. Dadurch, dass das Gebäude in jede Richtung ein anderes Erscheinungsbild präsentiert, funktioniert es in seiner Insellage als willkommene Orientierungshilfe im gesichtlosen Tokio.

Nicht nur metaphorisch-abstrakt, sondern auch formal – kleinmaßstäblich, kontrastreich, collagenhaft – sowie in der Materialwahl ist die Polizeiwache die architektonisch destillierte Essenz der Metropole Tokio. Darüber hinaus vereinigt sie aber auch zwei immer wiederkehrende Themen im Werk Kitagawaras: die Addition unterschiedlicher Teile zu spannungsreichen Kompositionen und das Arbeiten mit Oberflächen und umschlossenen Hohlräumen.

Leider war die Lebensdauer der preisgekrönten Polizeiwache ebenfalls typisch für Tokio: Im Jahr 2011 wurde sie nach nur 19 Jahren im Zuge einer städtebaulichen Sanierungsmaßnahme abgerissen und liegt somit sogar unter den vielzitierten durchschnittlich 26 Jahren Lebensdauer, die einem Gebäude in Tokio zugesprochen werden.

Kitagawara considers the core of the work done by the police in their police box duty in an abstract manner through the drawing and archiving of events: each accident, each crime is precisely surveyed and recorded. Thus, the stringent frame of fair-faced concrete pierced by a colored volume is vaguely reminiscent of a shelf in which the various events are stored.

Yet, aren't there things in this city that cannot be objectively, scientifically recorded? The immaterial, ephemeral, and atmospheric of the city, its chaos and its unpredictable future—this is what the organic metal mesh hollow space represents. The building can therefore be read as an image of the soul of the city and its observer, who unsuccessfully tries to grab hold of it.

The publicly accessible guardroom is located inside the metal mesh and is accessed via the apex of the triangular site. Since the appearance of the building is so different from each direction, it serves in its island location as a welcome orientation aid within featureless Tokyo.

The police box not only represents the architecturally distilled essence of the city of Tokyo on a metaphoric-abstract level, but also on a formal level—small-scale, dissimilar, collage-like—and in the choice of materials. It furthermore unifies two recurring themes in Kitagawara's work: combining different parts to create a composition full of contrasts, and working with surfaces and closed hollow spaces.

Unfortunately, the life cycle of this prize-winning police box was also typical Tokyo: after nineteen years of service, it was demolished in 2011 in the course of an urban redevelopment program. Its lifespan was thus shorter than the frequently cited average of twenty-six years that most buildings in Tokyo are said to last.

"ONE OF A KIND"

Bühnenbild für das Nederlands Dans Theater 1
Stage set design for the Nederlands Dans Theater 1

Kathrin Sauerwein

1997 bat der Choreograf Jiří Kylián, damals künstlerischer Leiter des Nederlands Dans Theater, Atsushi Kitagawara um ein Bühnenbild für ein Ballett, mit dem ihn die niederländische Regierung zur Gedenkfeier des 150. Jahrestages der Verfassung beauftragt hatte. Aus den nur konzeptuellen Vorgaben Kyliáns entwickelte Kitagawara drei Bühnenbilder, um die Kylián dann eine Choreografie webte. In seinem Buch *Der denkende Körper* schreibt der Tanzkritiker Masashi Miura über diese ungewöhnliche Kollaboration:

„Vielleicht muss man sagen, dass gedankliche Tiefe eine Qualität des Alters ist. Ich habe den Eindruck, dass auf die Epoche überschäumender, jugendlicher Vitalität eine der ruhigen Kontemplation folgt. Das, was bei Kylián diese Tiefgründigkeit ermöglicht hat, waren die drei Bühnenbilder von Atsushi Kitagawara.

(...) Ich bezweifle nicht, dass die Frische des sich zum ersten Mal mit Bühnenbilddesign befassenden Kitagawara Kylián angeregt hat. Durch die enge Zusammenarbeit mit Kitagawara konnte Kylián den Ausdruck der intellektuellen und spirituellen Substanz des Lebens verwirklichen. (...) Ich möchte Atsushi Kitagawara zu seinem erfolgreichen Debut im Bereich des Bühnenbildes gratulieren."[1]

„One of a Kind" ist eine Kontemplation über Freiheit und ihre Bedrohung, was durch den Widerstreit der Freiheit der tanzenden Körper mit der Geometrie des Bühnenbildes unterstrichen wird. Im ersten Akt bildet eine kristalline Höhlenlandschaft den Hintergrund, im zweiten Akt schwebt ein Kegel rotierend über und zwischen den Tänzern und im dritten Akt zerteilen vor dem Hintergrund einer fragmentierten Treppe sechs Ebenen aus golden schimmernden Metallperlenvorhängen den Raum.

Für sein Bühnenbild erhielt Kitagawara 2000 den Bessie Award (The New York Dance and Performance Award). Das Stück wurde weltweit aufgeführt, unter anderem in der Opera Garnier in Paris und dem Lincoln Center in New York.

1 Masashi Miura: 考える身体 *The Body Thinking*. Tokyo 1999, S. 131 (Übersetzung aus dem Japanischen von Kathrin Sauerwein)

In 1997, the choreographer Jiří Kylián, who was at the time the artistic director of the Nederlands Dans Theater, asked Atsushi Kitagawara for a set design for a ballet; Kylián had been commissioned by the Dutch government to make a piece for the commemoration celebrations that would mark the 150th anniversary of the constitution. Kitagawara designed three stage sets based purely on Kylián's conceptual stipulations, around which Kylián then wove choreography. Dance critic Masashi Miura writes about this unusual collaboration in his book *The Body Thinking*[1]:

"Maybe one has to say that depth of thought is a quality of age. I have the impression, that the era of exuberant juvenile vitality is followed by one of calm contemplation. For Kylián this profundity was made possible by Atsushi Kitagawara's three stage designs.

... I do not doubt that the freshness of Kitagawara, who involved himself for the first time in stage design, inspired Kylián. Through the close collaboration with Kitagawara, Kylián was able to realize the expression of the intellectual and spiritual substance of life.... I want to congratulate Atsushi Kitagawara for his successful debut in stage design."

One of a Kind is a contemplation on freedom and threats to it—this is underlined by the struggle of the dancing bodies with the geometry of the set. In the first act, the background consists of a crystalline cave landscape; in the second act, a rotating cone floats above and between the dancers; and in the third act, six levels of golden shimmering bead curtains divide the space against the background of a fragmented staircase.

In 2000, Kitagawara won the Bessie Award (The New York Dance and Performance Award) for his set design. The performance was staged throughout the world, including in the Opera Garnier in Paris and the Lincoln Center in New York.

1 Masashi Miura: 考える身体 *The Body Thinking*. Tokyo 1999, p. 131.

BÜROGEBÄUDE IN TOKIO
TOKYO OFFICE BUILDINGS

Metrotour
Seminarhaus in Waseda **Education Centre in Waseda**
Akasaka Phoenix
ARCA
Japan PEN Club

Kathrin Sauerwein

[68–71]
Metrotour

Der Großraum Tokio mit seinen circa 35 Millionen Einwohnern ist eine riesige Agglomeration zweitklassiger Bauwerke, die sich als Flickenteppich aus größtenteils zwei- bis dreistöckigen Gebäuden scheinbar endlos bis zum Horizont erstreckt. Nur entlang der großen Straßen, um die großen Bahnhöfe herum und in den verdichteten Gebieten des Zentrums wie Shinjuku oder Marunouchi finden sich höhere Bauwerke, wodurch sich Tokio aus der Vogelperspektive wie ein Relief der Verkehrswege liest. Der Rest ist kleinteiliger, radikal heterogener Wildwuchs, der nur durch Besonnungsvorgaben und diagonal verlaufende Höhenbeschränkungen städtebaulich geformt wird. Die einzelnen Gebäude nehmen weder Bezug zu ihrem Nachbarn noch zum öffentlichen Raum, das Stadtgefüge ist fragmentiert. Auch in größerem Maßstab betrachtet ist Tokio keine geordnete Stadt mit einem Zentrum und klaren Hierarchien, sondern vielmehr eine chaotische Anhäufung aus Dörfern, die sich um ein leeres Zentrum gruppieren.

Wie geht man als Architekt mit dieser Stadt um? Welche Position bezieht man? Antworten Atsushi Kitagawaras auf diese Fragen lassen sich an den im Folgenden vorgestellten kleinmaßstäblichen Bürogebäuden in Tokio ablesen: Metrotour von 1989, Japan PEN Club von 2002, Akasaka Phoenix von 2007 sowie ARCA und das Seminarhaus in Waseda aus dem Jahr 2009.

Allen Gebäuden ist gemein, dass sie auffällig sind, ohne aufdringlich zu sein. Über ihre Präsenz geben sie dem Stadtraum Identität und verbessern die Aufenthaltsqualität. Da es sich um Bürogebäude handelt, sind dafür insbesondere die Außenhüllen wichtig, bei

Metropolitan Tokyo, with a population of thirty-five million, is a vast agglomeration of mediocre structures, a patchwork of mostly two- and three-story buildings stretching as far as the eye can see. Taller buildings can be found only on main artery streets, in the areas around the larger railway terminals, and in the denser districts of the center such as Shinjuku or Marunouchi. From a bird's-eye perspective, this makes Tokyo read like a relief of its transport network. The rest is smaller scale, a radically heterogeneous mix, urbanistically shaped only by rules governing the right to sunlight and by diagonally running height restrictions. The urban environment is fragmented, individual buildings relate neither to neighboring buildings nor to the public realm. Tokyo, when viewed as a whole, is not an orderly city with a center and a clear hierarchical layout, but a chaotic amalgamation of villages massed around an empty center.

How does one deal with this city as an architect? What position does one take? Atsushi Kitagawara's answers to these questions are indicated in the following small-scale office buildings in Tokyo: Metrotour (1989), Japan PEN Club (2002), Akasaka Phoenix (2007), ARCA, and the Education Center in Waseda (2009).

These buildings all attract attention without being obtrusive. Their presence improves and adds identity to the cityscape. Since they are office buildings, their outer envelopes are of particular significance; different approaches to their design (can certainly be said to) have been taken: Akasaka Phoenix and the Waseda education center both have façades made up of multiple layers, which partially work as filters. In contrast, both the Japan PEN Club and ARCA are

denen sich durchaus unterschiedliche Herangehensweisen an die Gestaltung finden: Akasaka Phoenix und das Seminarhaus in Waseda haben Fassaden, die aus mehreren, zum Teil als Filter wirkenden Schichten bestehen. Dagegen sind der Japan PEN Club und Arca monolithische Blöcke und Metrotour löscht sich über eine verspiegelte Fassade nahezu aus dem Stadtbild.

Bei Akasaka Phoenix und dem Seminarhaus in Waseda ermöglicht die mehrschichtige Fassade die Nutzung der äußeren Schicht als Schleier, der die Gebäude in abstrakte Bilder verwandelt. Gleichzeitig wirkt sie als Filter, der bei größtmöglicher Verknüpfung mit dem Außenraum unerwünschte Umwelteinflüsse, wie Sonneneinstrahlung, Blicke oder Lärm, vermindert. Die Verwendung poröser oder auch transluzenter Schichten hat ihren Ursprung in der traditionellen japanischen Architektur in Form von Yoshizu (Schilfjalousie), Sudare (Bambusvorhang), Shōji (Papierschiebetür), Kōshi (Gitterwerk) etc. und geht in ihrer ästhetischen und kulturellen Konzeption weit über die reine Funktionalität eines westlichen Sonnen- oder Sichtschutzes hinaus. Akasaka Phoenix ist ein geschickt in den Kontext integriertes Gebäude mit einer für Tokios enge Straßen exzeptionellen Fernwirkung. Durch die Lage des Grundstücks in zweiter Reihe und die topografischen Gegebenheiten wird die

monolithic blocks, while Metrotour's mirrored façade almost disappears from the city vista.

The multilayered façades of the Akasaka Phoenix and the Education Center in Waseda facilitate the use of the outer layer as a veil and give the structures an abstract appearance. At the same time, this layer functions as a filter, which enables maximum connection with the outside world, while blocking out unwanted gaze, sunlight, and noise. The use of porous and translucent layers has origins in traditional Japanese architecture—where it can be found for example in the form of *Yoshizu* (reed blinds), *Sudare* (bamboo blinds), *Shōji* (sliding paper screens), or *Kōshi* (latticework)—and conceptually transcends the mere functionality of a western sun screen.

Akasaka Phoenix is a building with—for Tokyo's narrow streets—an exceptionally long-distance impact, which has been skillfully integrated into its context. Due to the second-row site location and its topographic conditions, the actual rear of the seven-story building becomes the representative elevation. Surfboard-shaped louvers are arranged in a square pattern in front of a glass façade. Since, however, the blades have been mounted at different angles and the blue and white fields are distributed irregularly, the façade has an organic effect, despite being based on an orthogonal grid. Kitagawara

eigentliche Rückseite des siebengeschossigen Gebäudes zur Schauseite. Vor einer Ganzglasfassade wurden hier an Surfbretter erinnernde Lamellen zu einem quadratischen Muster angeordnet. Da die Lamellen allerdings in wechselnden Winkeln angebracht und die blauen und weißen Felder unregelmäßig verteilt sind, wirkt die auf einem orthogonalen Raster beruhende Fassade trotzdem organisch. Kitagawara gelingt es hier, Heterogenität und Komplexität nicht nur der Umgebung, sondern auch der Gesellschaft auf subtile Weise zu spiegeln.

Die Fassade des – bei nur 480 Quadratmetern Nutzfläche – achtgeschossigen Seminarhauses in Waseda ist zweigeteilt: Auf einem geneigten Sockel aus ausgestanztem, schwarz oxidiertem Cortenstahl sitzt ein Betonrahmen, der Edelstahllamellen mit einem abstrakt organischen Muster einfasst. Mithilfe dieser auf den ersten Blick eigenwilligen Trennung gelingt es, zwischen dem kleinteiligen Maßstab der engen Straße und den umliegenden, zu groß geratenen Gebäuden zu vermitteln.

Im Gegensatz zu der flirrenden Mehrschichtigkeit dieser Projekte sind Arca und der Japan PEN Club nach außen hin massive, wie aus einem Guss erscheinende Gebäude, die ruhig im anbrandenden Chaos der sie umgebenden Stadt liegen.

Arca ist ein kantiger, fünfgeschossiger Körper. Versteckte Fensterrahmen, unregelmäßige Fenster sowie die abgeschnittenen Ecken der Dachterrasse verstärken die monolithischen Qualitäten des wunderbar ausgeführten japanischen Sichtbetons und geben ihm gleichzeitig eine rhythmische Porosität.

Während sich ARCA an den Maßstab der umgebenden Bebauung angepasst hat, könnte der PEN Club mit seinen nur vier Geschossen zwischen den ihn umgebenden zehnstöckigen Hochhäusern verloren wirken, verliehen ihm seine deformiert elliptische Form und die dachziegelschwarze Farbe der Fassade nicht solch eine eigenwillige Autarkie. Die schmalen, vertikalen Fenster verstärken den introvertierten, burgähnlichen Charakter des Gebäudes. Im Inneren findet man dann allerdings überraschend helle Räume und einen zweigeschossigen Konferenzraum, der dem Gebäude seine runde Form aufgedrückt hat.

succeeds in subtly reflecting not only the complexity and heterogeneity of the surroundings but of society itself.

The façade of the Education Center in Waseda, which is eight stories high despite a floor area of only 480 square meters, is divided in two: a concrete frame that encloses angled stainless steel louvers arranged in an abstract organic pattern, sits on top of an inclined base of perforated black oxidized Corten steel. This deliberate, and at first sight, willful disjuncture manages to establish a connection between the compact scale of the narrow streets and the oversized surrounding buildings.

In contrast to the shimmering layers of these projects, ARCA and the Japan PEN Club exteriors are solid monolithic structures standing calmly in the bustling chaos of the surrounding city. ARCA is an angular five-story, exposed-concrete building. Hidden window frames, irregular window openings, and the truncated corners of the roof terrace emphasize the monolithic quality of the exquisitely executed Japanese fairfaiced/exposed concrete and give the building a rhythmic porosity.

While ARCA conforms to the scale of the surrounding developments, the four-story PEN Club could appear lost between the neighboring ten-story structures—were it not for its air of willful confidence due to the irregular elliptical form and black tile-hung façade. The narrow vertical windows emphasize the building's introverted, fortress-like character. The interior contains surprisingly light spaces with a double-height conference room that gave the building its curved contours.

Much bigger than the other office buildings, the eleven-story Metrotour has a floor area of 1,870 square meters and in contrast to the others, is located directly on a wide, busy street. Although at first glance straightforward, Metrotour is in reality a highly complex and puzzling building that plays with the viewer's perceptions. Its spire reaches dramatically skyward, while at the same time the mirrored surface of the façade dissolves and disappears. To achieve the desired effect, the glass had to be imported from France. The building's dematerialized volume attains an appearance reminiscent of the wings of a dragonfly, through the delicate stripes of what looks

[73]
Seminarhaus in Waseda
Education Center in Waseda

[74]
Akasaka Phoenix

Metrotour ist mit 1870 Quadratmetern Nutzfläche und elf Stockwerken sehr viel größer als die anderen Bürogebäude und steht im Gegensatz zu ihnen in erster Reihe an einer vielbefahrenen, breiten Straße. Auf den ersten Bilck simpel, aber in Wirklichkeit hochkomplex, ist Metrotour ein rätselhaftes Gebäude, das mit der Wahrnehmung der Betrachter spielt. Dramatisch reckt sich die Spitze in den Himmel, gleichzeitig löscht sich das Gebäude durch die verspiegelte Fassade gleichsam selbst. Das Glas, mit dem der gewünschte Effekt erzielt werden konnte, musste extra aus Frankreich importiert werden. Dem entmaterialisierten Volumen werden durch filigrane, an Laufstege erinnernde Bänder die Anmutung eines Libellenflügels gegeben. Jedem Geschoss sind zwei Bänder zugeordnet, sodass die Zahl der Stockwerke nicht auf den ersten Blick ablesbar ist – das erhöht den Abstraktionsgrad. Zudem ist die Fassade bei genauerem Betrachten nicht eben; einer sanften Kurve folgend springen die Schichten vor und zurück. Metrotour ist ein Meisterwerk einer abstrakt organischen und poetischen Architektur, die in ihrer Subtilität das Unterbewusstsein des Betrachters anspricht. Die Spitze ist übrigens leer – für die Bauordnung gilt sie als Werbetafel, mit der man die an dieser Stelle zulässigen 31 Meter Gebäudehöhe überschreiten darf.

In allen fünf Gebäuden verfolgt Kitgawara eine eher introvertierte Haltung. Die Benutzer werden nicht durch große Fensterflächen präsentiert, sondern vor der Stadt und den Blicken geschützt. Neben dem Kunden fühlt sich Atsushi Kitagawara in einer humanistischen Haltung auch immer der Gesellschaft verpflichtet und versucht mit seinen Gebäuden über einen situativen Kontextualismus einen positiven Einfluss auf den Stadtraum auszuüben: Es geht ihm um eine ergänzende Reaktion auf die Charakteristika des Viertels, die im bereichernden Kontrast zu ihrer Umgebung steht, anstatt sich an sie anzupassen. Trotz der starken Abstraktion seiner Fassaden spiegelt Kitagawara immer die Komplexität Tokios.

like walkways. Two of these stripes are arranged per floor. This obstructs the legibility of the number of stories and thus increases the level of abstraction. In addition, the façade, on closer inspection, is not a flat surface but a gentle arc, and each layer steps back or projects to follow the line of the curve. Metrotour is a masterpiece of abstract, organic, and poetic architecture, the subtlety of which addresses the viewer's subconscious. Incidentally, the spire is unoccupied: thus for building laws, it counts as an advertising hoarding, which is allowed to surpass the area's limited building height of thirty-one meters.

In all five of these buildings, Kitagawara takes a rather introverted position—the users are not on display behind large windows, but protected from the city and its gaze. In a humanistic way, Kitagawara not only feels obliged to his client, but also towards society. Via a situative contextualism, he strives to exert a positive influence on the urban realm with his buildings. This approach stands out due to the complementary reaction towards the characteristics of an area, which creates an enriching contrast rather than a mere adjustment to the surroundings. Despite the strong abstraction of his façades, Kitagawara always reflects the complexity of Tokyo.

[76]
Japan PEN Club

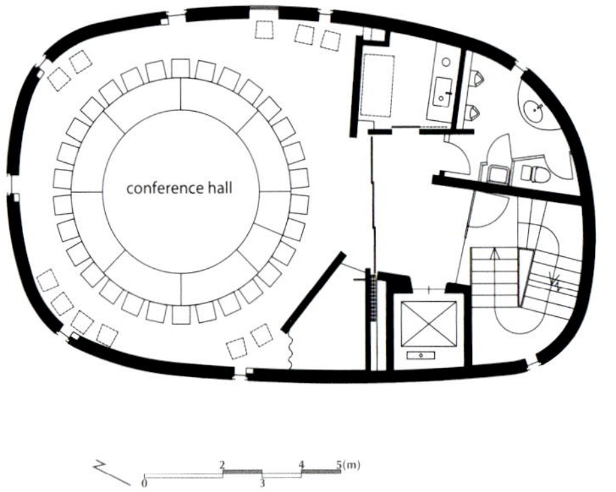

[77]
ARCA

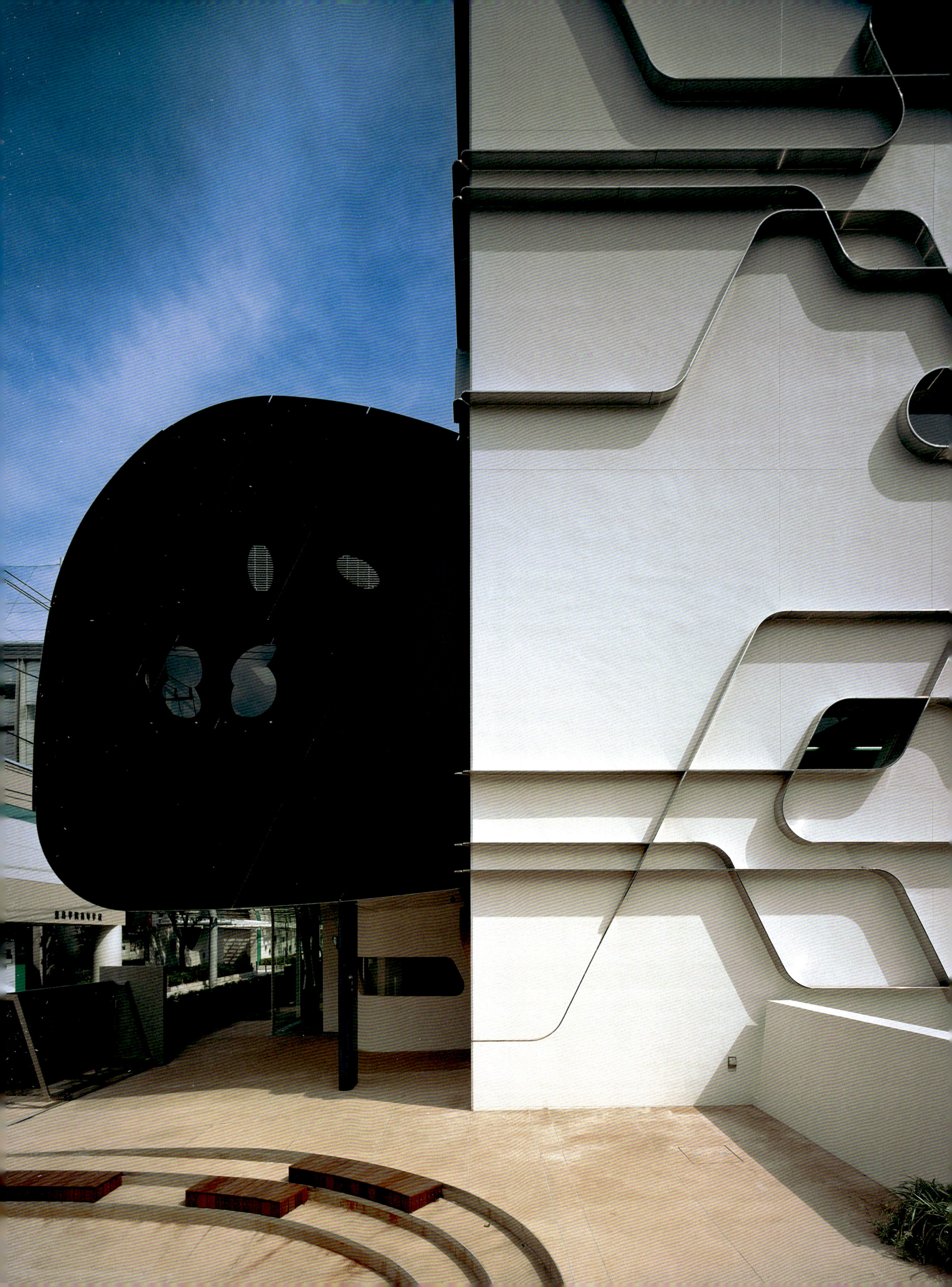

HOSHO GAKUEN - SCHULBAU ALS STÄDTEBAU
HOSHO GAKUEN - BUILDING SCHOOLS AS URBAN DEVELOPMENT

Kathrin Sauerwein

Hosho Gakuen ist ein Zusammenschluss dreier Schulen, die durch die gemeinsame Nutzung von Fachräumen und Spezialeinrichtungen Synergieeffekte erzielen: Die Toshima Gakuin High School ist eine normale Oberschule, die Showa Tetsudo High School eine Fachoberschule mit einem Fokus auf Eisenbahnen und das Tokio Junior College of Transport Studies ist eine Kurzzeituniversität, die eine zweijährige Ausbildung im Transportwesen anbietet. Die Grundstücke dieser drei Schulen befinden sich in einem dicht bebauten Wohngebiet im Norden von Ikebukuro, einem zentralen Stadtviertel Tokios. Von mehreren Straßen zerschnitten liegen die Grundstücke zwar nah beieinander, sind aber nicht zusammenhängend. Stadt und Campus sind vermischt – eine Situation, die sogar in Tokio sehr selten ist. Das Viertel selbst ist ein typisches Tokioter Wohnviertel: Kleine zwei- bis dreigeschossige Häuschen stehen dicht aneinandergedrängt, die schmalen Straßen haben keine Bürgersteige. Über einen Zeitraum von fast zehn Jahren hat Atsushi Kitagawara mit dem schrittweisen Neubau zweier der drei Schulen das Gesicht dieses Viertels verändert.

Mitte der 1990er Jahre beauftragte der Hosho Gakuen angesichts maroder und unfunktionaler Nachkriegsgebäude Atsushi Kitagawara zunächst mit der Erstellung eines Masterplanes. In den Jahren 1997 bis 2004 ersetzte Kitagawara dann in fünf Phasen die Bestandsgebäude der Toshima Gakuin und Showa Tetsudo High School durch Neubauten mit einem Bauvolumen von circa 17.300 Quadratmetern. Die weniger dringliche Erneuerung von zwei weiteren Gebäuden steht noch aus.

In seinem Umgang mit dem hier zur Verfügung stehenden städtebaulichen Handlungsspielraum zeigen sich konzeptuelle Tendenzen noch deutlicher als bei den Bürogebäuden des vorangehenden Textes: Atsushi Kitagawara steht einem nahtlosen Einfügen von

Hosho Gakuen is an association of three schools that generates synergies through the shared use of technical rooms and special facilities. Toshima Gakuin High School is a normal secondary school, Showa Tetsudo High School is a technical school focusing on railways, and Tokyo Junior College of Transport Studies is a short-term university offering a two-year course in transport studies. The sites of these three schools are located in a densely built-up residential area in the northern part of Ikebukuro, a central district of Tokyo. Transected by a number of streets the sites are in close proximity to one another, but are not adjoining. The city and the campus are intermingled—a situation that is rare even in Tokyo. The district itself is a typical Tokyo residential district: small two to three-story houses form dense clusters and the narrow streets have no pavements. Over a period of nearly ten years, Atsushi Kitagawara transformed the appearance of this district by gradually rebuilding two of the three schools.

In the mid-nineties, in view of the dilapidated and dysfunctional postwar buildings, Hosho Gakuen appointed Atsushi Kitagawara to draw up a master plan initially. From 1997 to 2004, in five phases, Kitagawara replaced the existing buildings of Toshima Gakuin and Showa Tetsudo High Schools with new buildings with a construction volume of around 17,300 square metres. The less urgent replacement of two further buildings has not yet been carried out.

In the use he makes of the freedom he has concerning the urban design, conceptual tendencies show even more clearly than in the office buildings (see p. 68–77): Atsushi Kitagawara refuses the seamless integration of buildings into a heterogeneous environment such as Tokyo. Instead he seeks to highlight the dynamics of the city by adopting the heterogeneity as an integral design principle. He described this approach in an interview[1], as follows:

Phase 1 1999

Phase 2 2001

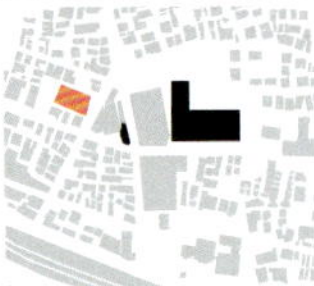

Phase 3 2002

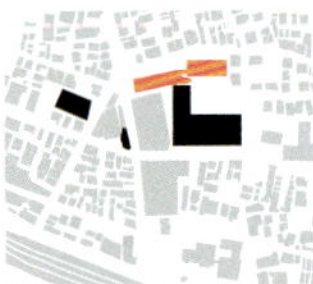

Phase 4 2003

Phase 5 2004

Phase 6 future

Phase 7 future

1 Toshima Gakuin High School
Toshima Gakuin High School
2 Simulatorgebäude
Simulator building
3 Praktikumsgebäude
Practical training building
4 Showa Tetsudo High School
Showa Tetsudo High School
5 Sporthalle
Sports hall
6 Tokyo Junior College of Transport Studies
Tokyo Junior College of Transport Studies
7 Verkehrsmuseum
Traffic museum

Gebäuden in eine heterogene Umgebung wie Tokio ablehnend gegenüber. Vielmehr sucht er die städtische Dynamik zu verstärken, indem er das Heterogene fortführt und zum Entwurfsprinzip erhebt. In einem Interview[1] erläuterte er diese Herangehensweise wie folgt:

„... Sicherlich gibt es auch die Methode anstelle eines Kontrastes über eine moderate Gradierung mit der Umgebung in Verbindung zu treten. Aber die dynamische Kraft der Stadt wurzelt in der Koexistenz absolut unterschiedlicher Dinge. Das ist auch exakt die Denkweise des Surrealismus, auf die ich mich schon seit langem beziehe. Wie bei Lautréamonts berühmtem Satz ‚Er ist schön wie das zufällige Zusammentreffen einer Nähmaschine und eines Regenschirms auf einem Seziertisch!' keimt die Frage auf ‚Warum sind die bloß zusammen?' und dadurch wird die Vorstellungskraft angeregt und psychische Vitalität geboren. Insbesondere in einer

"...of course another approach is to interrelate with the surroundings by means of a moderate gradation, instead of through contrast. However, the dynamic force of the city is rooted in the coexistence of completely different things. This is also the precise mindset of surrealism, which I have referred to for a long time. As with Lautréamont's famous sentence—'as beautiful as the chance encounter of a sewing machine and an umbrella on a dissecting table!'—it boils down to the question of 'why on earth are they together?'. This stimulates the imagination and awakens the mind. This method is especially effective in a city that is as jumbled as Tokyo."

It is especially the materials and forms of the new buildings that contrast with the surrounding anonymous residential buildings. However, Atsushi Kitagawara nevertheless achieves an interesting coexistence and enriches the district by respecting its scale,

東京交通短期大学
TOSHIMA GAKUIN HIGH SCHOOL
昭和鉄道高等学校
豊島学院高等学校
TOKYO COLLEGE OF TRANSPORT STUDIES
SHOWA TETSUDO HIGH SCHOOL

Stadt, die so durcheinander ist wie Tokio, ist eine solche Methode wirksam."

Vor allem in Material und Formgebung kontrastieren die Neubauten mit der umgebenden anonymen Wohnbebauung. Da Atsushi Kitagawara aber trotzdem die Maßstäblichkeit des Viertels respektiert, indem er die Gebäude in kleinere Einzelvolumen zerlegt und die bei einem Schulbau nicht vermeidbaren großen Fassadenflächen durch kleinteilige, unregelmäßige Gliederungen aufbricht, ergibt sich eine spannende Koexistenz, die das Viertel bereichert. Die Schulgebäude für sich betrachtet sind ebenfalls collagenhafte Kompositionen, gefügt aus unterschiedlichen Materialien, Fassaden und Formen: Strahlend weiße, organische Körper schieben sich zwischen technoide Metallfassaden und Sichtbeton. Immer wieder finden sich farbige Akzente wie das gelb gestreifte Simulatorgebäude. Die Fassade der Showa Tetsudo High School verweist plakativ auf die Spezialisierung der Schule: Die sich auf weißem Grund faltenden Metallbänder wecken Assoziationen eines Eisenbahn- oder Schaltplanes.

by dividing the buildings into smaller individual units and breaking up the inevitably large façade surfaces of the school buildings into a small-scale, irregular composition. The school buildings themselves are also collage-like compositions, combining different materials, façades, and forms: spotless white, organic units are slotted between technoid metal façades and exposed concrete, with occasional splashes of color such as the yellow-striped simulator building. The façade of the Showa Tetsudo High School is an obvious indication of the school's specialisation: the metal strips on a white base evoke a railway or circuit diagram.

Despite the cramped inner-city conditions, Atsushi Kitagawara's design attached great importance to creating recreational spaces for the students. These spaces were not part of the room allocation plan and had not been assigned a usage, but provide the students with communication and relaxation areas. To fully appreciate this measure, one must be aware of the fact that Japanese schools do not have schoolyards and that the students usually spend all their breaks in the classroom. Apart from a high open space at

Trotz der beengten innerstädtischen Verhältnisse legte Atsushi Kitagawara bei seiner Planung besonders viel Wert auf das Schaffen von Lebensräumen für die Schüler. Es sind Räume, die im Raumprogramm nicht vorgesehen waren, denen keine Nutzung zugewiesen wurde, die sich aber den Schülern als Kommunikations- und Entspannungsräume anbieten. Um diese Maßnahme voll würdigen zu können, muss man wissen, dass japanische Schulen keine Pausenhöfe haben und die Schüler normalerweise alle ihre Pausen im Klassenraum verbringen. Bis auf einen hohen, lichtdurchfluteten Raum im Herzen der Showa Tetsudo High School handelt es sich bei diesen Orten um Außenräume: So gibt es eine hölzerne Dach-

the heart of Showa Tetsudo High School that is flooded with light, these recreational areas are all outdoors. There is a wooden roof terrace with panoramic views and flower beds, a very wide emergency exit staircase with views, interior courtyards with wooden floors, which classrooms are grouped around, and seating arranged around a tree. Apart from providing high-quality rest areas, these interspaces also form smooth transitions between inside and outside.

With a refined sense of scale and a wealth of design features, Atsushi Kitagawara succeeded in creating urban educational sites that slot easily into the surroundings and provide a stimulating

terrasse mit Panoramablick und Beeten, ein extrabreites Fluchttreppenhaus mit Aussicht, Innenhöfe mit Holzfußböden, die um die Klassenräume gruppiert sind, und um einen Baum angelegte Sitzgelegenheiten. Über ihre Aufenthaltsqualität hinaus schaffen diese Orte als Zwischenräume auch einen fließenden Übergang zwischen Innen und Außen.

Atsushi Kitagawara hat es mit feinem Maßstabsgefühl und gestalterischem Reichtum geschafft, einen städtischen Schulraum zu schaffen, der sich natürlich in die Umgebung fügt und den Schülern ein inspirierender Lernraum ist. 2005 erhielt er für dieses Werk den Premium Award des Japan Institute of Architects.

1 Yoshinori Kuwabara: „コントラストと調和". In: *GAJapan*. Nr. 71, Tokio 2004, S.68–77, hier S.71 (Übersetzung aus dem Japanischen von Kathrin Sauerwein)

learning environment for the students. In 2005, he received the Premium Award from the Japan Institute of Architects for this project.

1 Yoshinori Kuwabara: "コントラストと調和." In: *GAJapan*. Nr. 71, Tokyo 2004, p.68-77, here p.71. (Translation by Kathrin Sauerwein)

C'BON HEADQUARTERS

Kathrin Sauerwein

Der 2005 fertiggestellte Hauptsitz der Kosmetikfirma C'BON liegt in Kawasaki, einer der Städte im Großraum Tokio. Geschäftsführung, Verwaltung und Callcenter sind auf 5650 Quadratmetern unter einem Dach vereint. Für C'BON, stolz auf ihre Forschung und Produktentwicklung im Dienste der weiblichen Schönheit, schuf Kitagawara ein gesetztes Bauwerk, das Glamour mit High-Tech und weichen, organischen Formen kombiniert und so das Image und die Werte der Firma mit der nötigen Prise Emotionen nach außen hin kommuniziert.

Das Grundstück ist ein Hang mit 15 Metern Höhenunterschied, den Kitagawara nutzt, um die Eingänge für Personal und Besucher zu trennen. Während die Kunden von der Hauptstraße kommend das Gebäude im Erdgeschoss betreten, nähern sich die Angestellten von der anderen Seite über den sogenannten Skywalk: eine Fußgängerbrücke, die die Kuppe des Hügels mit dem obersten Geschoss verbindet, in dem sich die Räume des Präsidenten sowie eine großzügige Pausen-Dachterrasse befinden. Die stützenfreien Großraumbüros, Besprechungsräume sowie ein Auditorium liegen im ersten und zweiten Obergeschoss und gliedern sich um das Herz des Gebäudes, das Forum mit seinen Lichtsäulen.

Im Grundriss betrachtet hält die Fassade gleich der Zellmembran eines Pantoffeltierchens die Innereien des Gebäudes zusammen. Diese reliefartige Fassade aus rhomboiden Edelstahlelementen ist der wichtigste Teil des Gebäudes: Sie ist zugleich Branding, Filter und atmosphärisches Instrument.

Aneinandergereiht ergeben die Fassadenelemente durch ihre diagonal verlaufende Einschnürung ein regelmäßiges, organisch-pralles Dreiecksmuster: eine Abstraktion des mikroskopischen Bildes der menschlichen Haut. Sie wurden aufgrund der komplexen Kurvatur von einem Autokarosserie-Hersteller gefertigt und sind elektropoliert und chromoxidbeschichtet, was nicht nur der Wetterfestigkeit dient, sondern auch Haptik und Reflexion der Oberfläche reguliert: Je nach den Lichtverhältnissen ändert sich die Farbe der

The headquarters of the C'BON cosmetics company, completed in 2005, are located in Kawasaki, a city within the Greater Tokyo area. Management, administration, and call center have been combined under one roof, on a floor area of 5,650 square meters. Kitagawara created a dignified building for C'BON, which is proud of its research and product development in the interests of female beauty. The building combines glamour with high-tech and soft organic shapes, thus communicating the image and values of the company to the outside world, with a necessary dash of emotion.

The site is located on a slope, with a difference in height of fifteen meters; Kitagawara uses this to separate staff and visitor entrances. While clients enter the building on the ground floor from the main street, staff approach the building from the other side via a so-called skywalk—a pedestrian bridge. It connects the crest of the hill with the top floor, where the company president's chambers as well as a generous break-time terrace are located. Column-free, open-plan office spaces, meeting rooms, and an auditorium are located on the second and third floors; they surround the heart of the building—the forum with its light pillars.

Looking at the floor plan, the façade holds the insides of the building together, like the cell membrane of a paramecium. Its relief-like façade of rhomboid, stainless steel components is the most important part of the building: it is simultaneously branding, filter, and atmospheric instrument.

When aligned, the façade elements create a regular, organic, bulging triangular pattern as a result of their diagonal necking; an abstraction of the microbiotic image of human skin. Due to their complex curvature, they were made by a car body manufacturer and have been electro-polished and chromium-oxide coated. Apart from making them weatherproof, this also regulates the haptics and reflection of the surfaces—the color of the matt-reflective façade varies from cold silver to soft red tones depending on the lighting conditions. It represents a contemporary reinterpretation of Japa-

matt reflektierenden Fassade, von kaltem Silber bis hin zu weichen Rottönen. Es ist eine zeitgenössische Reinterpretation japanischer Ästhetik, die es schafft, trotz ihrer modernen Perfektion die zyklischen Veränderungen der Natur abzubilden.

Man findet in dem Gebäude noch weitere auf Prinzipien der traditionellen japanischen Architektur beruhende Elemente. Besonders hervorzuheben ist die Annäherung an das Gebäude als mentale Vorbereitung auf die bevorstehenden Handlungen, die durch den introvertierten Skywalk und das anschließende Herabsteigen in die Büroetagen umgesetzt wurde.

Kitagawara schuf ein sinnliches Gebäude, das – trotz der durch die Abstützung des Hanges konstruktiv bedingten Schwere – mit weichen Formen und gezielter Licht- und Blickführung eine angenehme Arbeitsatmosphäre mit repräsentativen Kundenräumen verbindet.

nese aesthetics, which, despite its modern perfection, manages to recreate the cyclical changes of nature.

Other elements that are based on the principles of traditional Japanese architecture are to be found in the building. It is particularly worth noting the approach to the building; it serves as mental preparation for the impending actions, and has been expressed through the introverted skywalk and the descent into the office floors.

Kitagawara has used soft shapes as well as deliberate lighting and perspective to create a sensual building, which, despite the structural heaviness required due to bracing the slope, provides a pleasant working atmosphere with representative client spaces.

ARIA – EIN ETWAS ANDERES GEWERBEGEBIET
ARIA – A DISTINCTIVE INDUSTRIAL ESTATE

Kathrin Sauerwein

[92–99]
Santaria Church
Villa Esterio

Aria ist ein in Zentraljapan gelegenes, provinzielles Gewerbegebiet, das mit anspruchsvoller Architektur, üppiger Vegetation und geschwungenen Wegen auf einer Fläche von nur sieben Hektar überhaupt nicht dem Bild des typischen Gewerbegebietes entspricht.

Lokale Unternehmen aus der Region rund um die Provinzhauptstadt Kōfu, unter ihnen viele aus dem Bereich des traditionellen Kunsthandwerks wie Schmuckherstellung oder Lederverarbeitung und -veredelung mit Japanlack, schlossen sich 1990 zusammen und beauftragten Atsushi Kitagawara mit der Planung eines kompletten Gewerbegebietes. Er war nicht nur für den Entwurf der einzelnen Firmenhauptsitze zuständig, sondern beginnend mit der Grundstücksaufteilung über den Masterplan bis hin zu Straßenplanung und Landschaftsgestaltung hat er auch die planerischen Aspekte außerhalb seines Fachgebietes übernommen. Das Ergebnis war ein Gewerbegebiet, das nicht nur das Bild der Region positiv geprägt und den Standort gestärkt hat, sondern auch Busladungen von Besuchern anlockt. Aria hat mehrere Auszeichnungen erhalten und der japanische Stadt- und Regionalplaner Prof. Takashi Onishi schrieb voller Anerkennung über das Projekt: „Es ist für einen Einzelnen einfacher dem gesamten Gebiet eine individuelle Atmosphäre zu geben. Ob diese Atmospäre allerdings gut oder schlecht wird, hängt dann auch von den Fähigkeiten dieses Einzelnen ab. In diesem Fall ist Kitagawara ein voller Erfolg gelungen.“[1]

Die Atmosphäre, die Atsushi Kitagawara schuf, beruht allerdings nicht auf einer simplen Vereinheitlichung des Erscheinungsbildes der einzelnen Gebäude. Gemäß seiner Entwurfsphilosophie und dem Wunsch der Firmen nach Alleinstellung sind die Firmengebäude in Materialwahl und Formgebung heterogen. Dass das Gebiet trotzem als großes atmospärisches Ganzes erscheint, lässt sich zu

Aria is a provincial industrial estate located in central Japan, whose appealing architecture, lush vegetation, and meandering paths covering a surface area of just seven hectares present quite a different image from typical industrial estates.

Local companies from the region around the provincial capital of Kōfu, including many from the fields of traditional craftwork such as jewelry making or leather processing and finishing with Japanese lacquer, came together in 1990 and appointed Atsushi Kitagawara to design an entire commercial estate. He was not only responsible for designing the individual company headquarters, but also took on design aspects outside of his specialist area, from the site division to the master plan, street planning, and landscaping. The result was an industrial estate that has not only had a positive influence on the image of the region and provided a boost to the area, but also attracts busloads of visitors. Aria has gained a number of awards and the Japanese city and regional planner Prof. Takashi Onishi wrote in acknowledgement of the project: "It is easier for an individual to give the whole site an individual atmosphere. Whether this atmosphere is good or bad then depends on the competence of this individual. In this case Kitagawara has achieved a complete success."[1]

However, the atmosphere that Atsushi Kitagawara created is not based on a simple uniform appearance of the individual buildings. In accordance with his design philosophy and the companies' wish for uniqueness, the materials and forms of the company buildings are heterogeneous. It is largely due to Kitagawara's unconventional use of landscape design that the site nevertheless appears as one large atmospheric whole. His landscaping is not, as is often the case, merely a decorative and retrospectively applied element, but

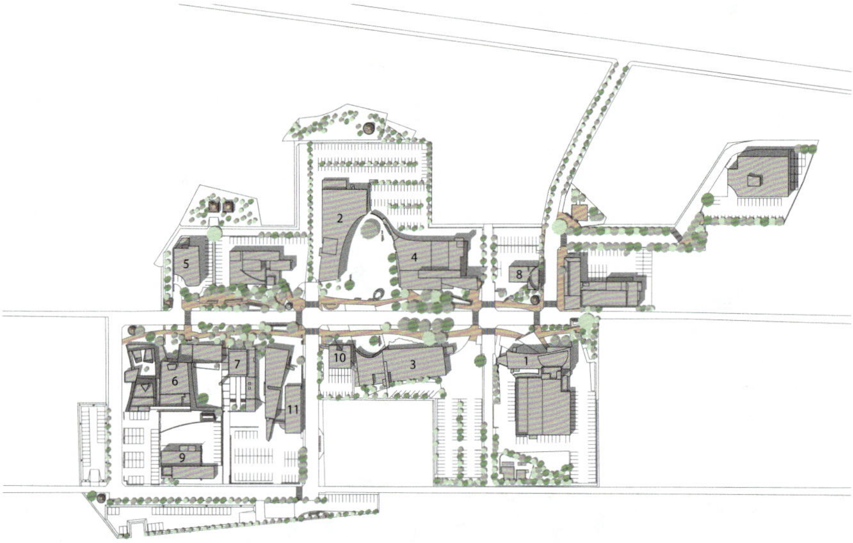

1 Inden-ya Uehara Yushichi
(Lederwaren Leather goods)
2 Ishitomo
(Schmuck Jewelry)
3 Shirogane Kobo
(Schmuck Jewelry)
4 FM Fuji
(Radiosender Radio station)
5 Crown Hoshoku
(Schmuck Jewelry)
6 Villa Esterio
(Hochzeitsveranstaltungsort Wedding venue)
7 Santaria
(Kirche Church)
8 Suzuhou Shoji
(Schmuck Jewelry)
9 Daito Seiyaku
(Arzneimittel Pharmaceuticals)
10 Fujiwara
(Buchhaltung Accounting)
11 Meister Hall
(Gemeinschaftshaus Community hall)

großen Teilen auf Kitagawaras unkonventionellen Einsatz der Landschaftsgestaltung zurückführen. Die Landschaftsgestaltung ist hier nicht wie so oft ein dekoratives, nachträglich appliziertes Element, sondern vielmehr grundlegender Bestandteil, Struktur des Entwurfes. Sogar das Design der Gebäude wurde dem der Landschaft untergeordnet, wie man am zentral gelegenen, ellipsenförmigen Grasplatz sehen kann: Dessen Form wurde aus den herumliegenden Gebäuden regelrecht herausgestochen. Die Atmosphäre der zentralen Zone wird geprägt durch eine hügelige Topografie, durch die sich geschwungene Fußgängerwege ziehen, die mit einem mediterran anmutenden, ockerfarbenen Ziegel gepflastert sind. Bänke aus demselben Material, Bäume und die am Horizont sichtbaren Berge vervollständigen das Bild. Hätte Kitagawara seinen ursprünglichen Entwurf verwirklichen können, der vorsah nicht nur die Parkplätze, sondern die komplette Erschließung auf die Außenseite des

rather a fundamental component and structure of the design. Even the design of the buildings was secondary to the landscaping, as is evident with the centrally located, elliptical area of grass, whose form was positively stenciled out of the surrounding buildings. The atmosphere of the central zone is characterized by a hilly topography, criss-crossed by meandering pedestrian paths, paved with ochre-colored bricks that look Mediterranean. Benches made of the same material, trees, and the mountains visible on the horizon complete the image. If Kitagawara had been able to realize his original design, which foresaw placing not only the car parks, but also the whole access infrastructure in the outside section of the area, then the impact of the landscaping would have undoubtedly been even greater. Unfortunately, the road construction authorities insisted on a central access infrastructure.

Santaria Church (1997) and Villa Esterio (2004) were built later than

[100–101]
Aria

Gebietes zu legen, wäre der Effekt der Landschaftsgestaltung sicherlich noch stärker gewesen. Leider beharrte die Straßenbaubehörde auf der mittigen Erschließung.

Später als die anderen Gebäude entstanden und aufgrund ihres Programmes architektonisch besonders interessant sind die Santaria Church (1997) und die Villa Esterio (2004). Auf Anregung eines der Firmenpräsidenten, ein frommer Christ, wurde eine kleine Kapelle – die 385 Quadratmeter große Santaria Church – als Besinnungs- und Ruheort für die Angestellten geplant. Nachdem diese Kapelle allerdings immer mehr Hochzeitsgesellschaften anzog, wurde sieben Jahre später direkt daneben noch ein Ort zum Abhalten der Hochzeitsfeierlichkeiten gebaut: die Villa Esterio, die auf 1020 Quadratmetern Fläche zwei Bankettsäle und weitere Empfangsräumlichkeiten bietet. Das Feiern der Hochzeit mit einer christlich anmutenden Zeremonie ist in Japan sehr beliebt, obwohl die meisten Japaner Buddhisten oder Shintoisten sind.

Wie so oft in seiner Architektur verwendet Kitagawara hier expressive Formen weniger in Hinblick auf ihre Außenwirkung, sondern vielmehr als narrative Elemente einer kulissenhaften Architektur:

the other buildings and are of particular architectural interest, due to their function. At the suggestion of one of the company presidents, a devout Christian, a small chapel—the 385-square-meter Santaria Church—was designed as a contemplative and tranquil refuge for the employees. However, when the chapel started attracting increasing numbers of wedding parties, another venue for holding wedding celebrations was built right next to it seven years later: Villa Esterio, providing two banqueting halls and further reception rooms on a surface area of 1020 square meters. Celebrating weddings with Christian-style ceremonies is very popular in Japan, even though most Japanese people are Buddhists or Shintoists.

As is often the case in his architecture, Kitagawara uses expressive forms not so much for their outward effect, but rather as narrative aspects of a scenic architecture: the access framed by water pools, the church façade sparkling in the sunlight and the white wall of Villa Esterio, which folds into a tower and then encircles the grassy area, constantly varying in height, culminating in a labyrinthine system of white walls and structures. Above it, there is the vast expanse of blue sky. These walls are regularly interrupted by slits and

der von Wasserflächen gerahmte Zugang, die in der Sonne funkelnde Fassade der Kirche und die weiße Wand der Villa Esterio, die sich zu einem Turm faltet, um dann koninuierlich in Höhe verändernd den Grashof zu umrunden und in ein labyrintisches System aus weißen Wänden und Körpern zu münden. Darüber spannt sich der blaue Himmel. Immer wieder werden diese Wände durch Schlitze und Löcher unterbrochen, die Blickbeziehungen schaffen. Es entsteht die für eine Hochzeitskulisse perfekte Mischung aus Pathos und fließender Leichtigkeit.
Nicht einmal die Kirche wirkt in dem Gewerbegebiet als Fremdkörper. Denn Atsushi Kitagawara hat es mit Aria geschafft, seine im komplexen Stadtgefüge Tokios geborene Entwurfsphilosphie der durch netzwerkartige Beziehungen verknüpften Heterogenität erfolgreich auf ein Projekt auf der grünen Wiese im städtischen Maßstab zu übertragen.

1 Takashi Onishi: „ 開発と文化 ". In: *Good Scene*. Nr. 20, Tokio 1997, S. 14–25, hier S. 19 (Übersetzung aus dem Japanischen von Kathrin Sauerwein)

holes, opening up visual connections. This creates a combination of pathos and flowing lightheartedness that is perfect as a wedding backdrop.
Even the church does not look alien within the commercial site. This is because Atsushi Kitagawara has succeeded with Aria in applying his design philosophy of interrelated and intertwined heterogeneous elements, which has its roots in the complex urban fabric of Tokyo, to a greenfield project on an urban scale.

1 Takashi Onishi: " 開発と文化 ." In *Good Scene*. Nr. 20, Tokyo 1997, p. 14-25, here p. 19.

TEEZIMMER: CHŪ-KEN UND SEIFŪ-AN
TEA ROOMS: CHŪ-KEN AND SEIFŪ-AN

Kathrin Sauerwein

„Tee (...) ist eine Religion der Lebenskunst."
Kakuzo Okakura: *Das Buch vom Tee*

"Tea ... is a religion of the art of life."
Kakuzo Okakura: *The Book of Tea*

Chanoyu, die japanische Teezeremonie, ist eine Kunst, die aus dem harmonischen Zusammenspiel verschiedenster zur Perfektion gebrachter Kunstformen wie Kalligrafie, Keramik, Poesie und Architektur hervorgeht. In einer dem Alltäglichen entrückten Atmosphäre absoluter Ästhetik treffen Gastgeber und Gäste im *Chashitsu*, dem Teehaus oder Teeraum, aufeinander und genießen den Tee, die gemeinsame Zeit und den geteilten Raum mit allen fünf Sinnen.

Atsushi Kitagawara hat zeitgenössische Reinterpretationen des Teezimmers für mehrere der von ihm geplanten Privathäuser entworfen. Exemplarisch dafür soll an dieser Stelle Seifū-An stehen, ein kleines, viereinhalb Tatami (circa 7,4 Quadratmeter) großes Zimmer im Haus der Mutter des Architekten, die eine Teemeisterin der Edo-Senke-Schule ist. Kitagawara reduzierte hier traditionelle Elemente auf ihre pure, natürliche Materialität – die Tatamis sind randlos, die Erdwände haben keinen Papiersockel – und ergänzte die Komposition um die aus transluzentem Washi-Papier gefertigte hinterleuchtete Decke und eine skulpturale Papierlaterne vor dem Fenster.

Chū-Ken hingegen ist ein Teehaus, das für eine Ausstellung der Sammlung der Ura-Senke-Schule entworfen wurde. Hier ging es dem Architekten nicht darum, ein sich in das moderne Alltagsleben integrierendes Teezimmer zu schaffen, sondern die Essenz der Teezeremonie zu zeigen: den spirituellen Austausch von Gast und Gastgeber. Alles Unnötige wurde eliminiert, bis nur noch eine in der Luft schwebende Plattform – das eigentliche Teezimmer – und ein kubischer Holzrahmen für die Vorbereitungen des Gastgebers übrig blieb. Chū-Ken wurde in Tokio, Wien und New York ausgestellt.

Chanoyu, the Japanese tea ceremony, is an art that arises from the harmonious interaction of a wide variety of perfected art forms, such as calligraphy, ceramics, poetry, and architecture. In an atmosphere of absolute aesthetics, which is separated from the mundane, hosts and guests meet in the *Chashitsu*, the tea house or tea room, and enjoy the tea and the shared time and space with all five senses.

Atsushi Kitagawara has created contemporary reinterpretations of the tea room for many of the private residences he has designed. Exemplary in this regard is Seifū-An, a small room—the size of four-and-a-half tatami (approximately 7.4 square meters)—in the house of the architect's mothers, who is a tea master of the Edo Senke school. Here, Kitagawara reduced traditional elements to their pure, natural materiality—the tatami have no edges, the clay walls have no rice paper wainscoting—and complemented the composition with a backlit ceiling of translucent Washi paper and a sculptural paper lantern in front of the window.

Chū-Ken, however, is a tea house that was designed for an exhibition of the collection of the Ura-Senke school. Here, the architect was not concerned with creating the tea room integrated in modern everyday life, but to show the essence of the tea ceremony: the spiritual exchange of guest and host. Everything unnecessary was eliminated, until only a platform floating in the air—the actual tea room—and a cubic wooden frame for the host's preparations remained. Chū-Ken was exhibited in Tokyo, Vienna, and New York.

POESIE IN HOLZ
WOODEN POETRY

Akademie der Forstwissenschaften und Kultur Gifu **Gifu Academy of Forest Science and Culture**
Kino-Kuni Informationspavillon **Kino-Kuni Information Pavilion**
„Hida Rind" Ausstellungszentrum **"Hida Cattle" Exhibition Center**
Kaisho No Mori Aussichtspavillon **Kaisho No Mori Observatory**
Inariyama Sonderschule **Inariyama Special Education School**

Marco Imperadori

„Ein Vakuum ist da, damit du es einnimmst und mit all deinem ästhetischen Gespür und Geist ausfüllst."
Kakuzo Okakura: *Das Buch vom Tee*

"A vacuum is there for you to enter and fill up the full measure of your aesthetic emotion."
Kakuzo Okakura: *The Book of Tea*

[104–113]
Akademie der Forstwissenschaften und Kultur Gifu
Gifu Academy of Forest Science and Culture

Im Jahr 2005 erhielt Atsushi Kitagawara für seine auf dem *Mengoshi*-Prinzip basierenden Holzarchitekturen den ersten Preis des internationalen Wettbewerbs für „Innovative Architektur: Design und Nachhaltigkeit" („Architetture innovative: design e sostenibilità"). Neben dem bekannten Londoner Architekten Ian Ritchie (Juryvorsitzender), Gabriele Del Mese (CEO bei Arup Italien) und vielen anderen Fachleuten aus Wissenschaft und Industrie hatte ich die Ehre, Teil der Jury sein zu dürfen.

Aus den 202 Wettbewerbsbeiträgen und Hunderten von Arbeiten aus aller Welt ging der erste Preis an Atsushi Kitagawara und seine elegante, intelligente Architektur. In seinen Bauten verschmelzen innovative Technologie, ein ausgeprägtes Gespür für Nachhaltigkeit und eine sensible, auf den Ort bezogene Ästhetik zu einem Ganzen. Kitagawara interpretiert das *Mengoshi* neu und transferiert es auf seine Art in die Gegenwart. Seine Entwürfe stellen eine perfekte Synthese aus der künstlichen Qualität von Architektur und dem natürlichen, genuinen Wesen ihrer Umgebung, also der Natur an sich, dar – so meine Erinnerung an das philosophische Prinzip, das Kitagawara all seinen Entwürfen zugrunde legt. Es inspiriert ihn zu einer klugen und zeitgemäßen Nutzung eines in der alten japanischen Bautradition verwurzelten Systems, das eine Parallele zum Konzept

In 2005, Kitagawara's architecture employing *Mengoshi* wooden lattice structures was awarded the outright first prize in the international competition "Architetture innovative: design e sostenibilità" (Innovative Architecture: Design and Sustainability). I had the opportunity to be a member of the jury, along with the well-known London architect Ian Ritchie (as president), Gabriele Del Mese (CEO of Arup Italy) and many other experts both from the academic and industrial worlds. Of the 202 entries and hundreds of works from all over the world, the winner of the first prize was Atsushi Kitagawara for his architecture, which is both elegant and intelligent, demonstrating an interesting "marriage" of innovative technology, sustainability and finely tuned architectural expression within a natural context. The final design outcome of his works, with a contemporary interpretation of the *Mengoshi* system, shows a perfect synthesis between the artificial principle of architecture and the natural principle of the surrounding landscape, and therefore nature.

This is how I recall the philosophical bedrock underlying all of Kitagawara's design and inspiring him to use a system taken from old Japanese tradition in a clever and contemporary way; a system deeply linked to the concept of "fertile darkness" developed by the distinguished Japanese writer Junichiro Tanizaki in the fa-

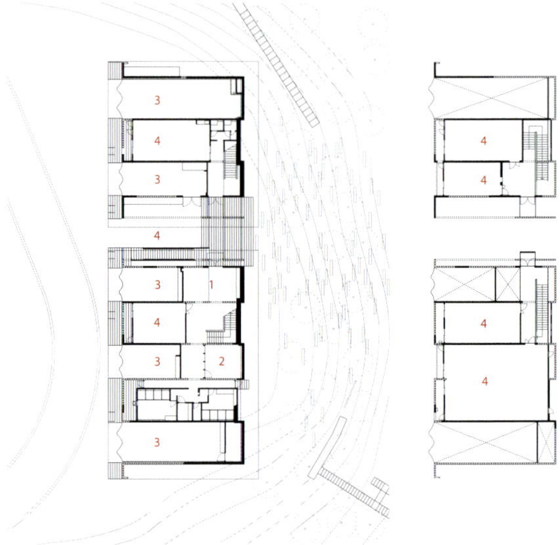

Erdgeschoss
1st floor plan

1. Obergeschoss
2nd floor plan

Bereich Technik und Fuhrpark
Technical zone

1 Eingangsbereich Entrance
2 Steingarten Stone garden
3 Maschinen und Fahrzeuge Machinery storage
4 Forschen und Lernen Research and study space

der „schöpferischen Dunkelheit" aufweist, welches der bedeutende japanische Schriftsteller Junichiro Tanizaki in seinem Buch *Lob des Schattens* beschrieb. Dieses Prinzip befähigt Kitagawara dazu, Überflüssiges zu vermeiden und so zu einem minimalistischen und zugleich sehr reichen, eindrucksstarken Entwurfsergebnis zu gelangen. Leerer und gefüllter Raum bilden eine Einheit, die aus schöpferischen, nachhaltigen und klugen Überlegungen erwächst. Die aus dem *Mengoshi*-Prinzip entwickelten technologischen und architektonischen Innovationen veranschaulichen sehr deutlich, dass ein ökologisch nachhaltiges Design auch in ästhetischer Weise nachhaltig sein muss.

Kitagawaras Entwürfe heben sich durch ihre Einzigartigkeit von der Masse ab und definieren eine Klasse für sich. Im Studium von Raum, Materialien und Konstruktionstechniken sucht er in erster Linie nach der „Poesie" des Gebauten in seinem Verhältnis zur umgebenden Natur.

Als Professor der renommierten Tokioter Universität der Künste verknüpft Atsushi Kitagawara die akademische Erforschung des Baustoffes Holz mit seiner Entwurfstätigkeit. Seine gestalterische Arbeit intendiert stets den Brückenschlag zwischen Kunst und Ar-

mous book *In Praise of Shadows*. It pushes Kitagawara to escape redundancy in order to achieve a result that is minimal but very dense and meaningful. Space and volumes form a synthesis that is rich in fertile, sustainable and intelligent thought. The technical and architectural innovation achieved through the Mengoshi system confirms the assumption that sustainable design cannot be aesthetically unsustainable.

Kitagawara's genuine design is much more self-contained than others, thus creating a class of its own. The study of spaces, the materials and construction techniques, focus as their primary objective on the "poetry" of the built environment, usually in its direct relationship to the natural context.

As a professor at the prestigious Tokyo University of the Arts, Kitagawara also applies his research into wood in parallel with his own design laboratory, aiming always to work on projects that bridge both art and architecture. Despite this academic role, there is one further and more creditable feature of his architecture: his devotion to the poetic aspects of design and attention to spaces and materials are accompanied by a desire to innovate, applying the latest technology to the traditional materials he uses (particularly wood)

1 Akademiebereich Academy zone
2 Gästehausbereich Guest house zone
3 Bereich Technik und Fuhrpark Technical zone
4 Werkstattbereich Workshop zone
5 Walderlebnisbereich Forest experience zone

chitektur. Über den akademisch-wissenschaftlichen Ansatz hinaus prägt seine Architektur eine weitere, wohl anschaulichere Besonderheit: Seine Begeisterung für die poetischen Aspekte von Design und jene große Aufmerksamkeit, die er Räumen und Materialien schenkt, gehen mit dem stetigen Wunsch nach Innovation einher. So wendet er neueste Technologien auf traditionell gebräuchliche Materialien, vor allem Holz, an, während er sich zugleich rücksichtsvoll um ökologische Nachhaltigkeit und die Erhaltung von natürlichen Ressourcen bemüht.

Kitagawara wurde als Sohn einer bedeutenden Familie in der Nähe von Nagano am Fuße der „japanischen Alpen" in einem prächtigen traditionellen Haus geboren. Ich glaube, dass sich sein scheinbar angeborener, atavistischer Feinsinn in diesem biografischen Moment ausprägte. Vermutlich lässt sich so erklären, dass er seine Bauten in überaus reizvolle Landschaften setzt und überlieferte Handwerkstechniken aus dem japanischen Holzbau in die heutige Praxis überträgt und sie weiterentwickelt.

Von 1998 bis 2008 arbeitete Kitagawara an einer Reihe von Projekten, die in Form und Funktion einzigartig waren: Er benutzte

while at the same time showing an intelligent concern for sustainability and conservation of natural resources.

He was born close to Nagano "at the foot of the Japanese Alps" in a beautiful traditional house into a very important family, and it is my opinion that this biographical detail has instilled in him an innate, atavistic sensibility. This has also led him to locate his designs in places of outstanding natural beauty and to elaborate, in a contemporary sense, the traditional techniques used in Japanese wood construction.

From 1998 to 2008, Kitagawara worked on a series of design projects that were both morphologically and functionally unique, using construction systems invented and tested in partnership with Prof. Dr. Masahiro Inayama, a structural wood specialist at the University of Tokyo. All of these systems are based on a way of joining natural wood that was called *Merikomi*, and which exploits the deformation of compression perpendicular to grain loading in wood for structural purposes. This means that the connections are not subjected to any concentrated pressure; due to the elastic reaction of wood to seismic load such a solution provides a better diffusion

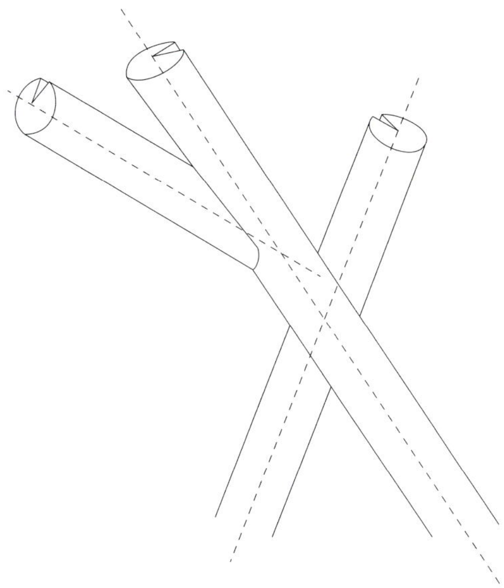

[114–119]
Kino-Kuni Informationspavillon
Kino-Kuni Information Pavilion

1 Haupteingang Main entrance
2 Ausstellungshalle Exhibition space
3 Offene Galerie Open gallery
4 Schulungsraum Seminar room
5 Event-Hof Event court

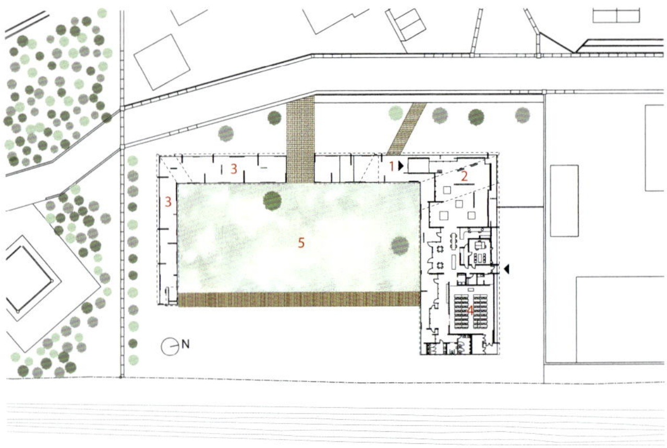

Konstruktionssysteme, die er gemeinsam mit Prof. Dr. Masahiro Inayama, einem Fachmann für Holzbau an der Universität Tokio, entwickelt und getestet hatte. Diese Systeme basieren auf *Merikomi*, einem Prinzip der Verbindung von Vollholz, das sich die Holzverformung durch Drucklast senkrecht zur Faser statisch zunutze macht. Solche Verbindungen sind keiner Punktlast ausgesetzt und ermöglichen infolge der elastischen Reaktion von Holz auf seismische Belastungen eine sehr viel bessere Verteilung der Drucklasten, während die auftretende Verformung nie über die Elastizitätsgrenze hinausgeht. Diese „Streuung" der Knotenpunkte steht dem westlichen Ansatz einer „Konzentration" von Verbindungen und Verbindungspunkten diametral gegenüber. Sie hält horizontalen Belastungen, wie sie durch Erdbeben oder Wind auf ein Bauteil einwirken, sehr viel besser stand. Ästhetisch betrachtet, verkörpert diese Bauweise eine harmonische Verbindung verschiedener Elemente, deren Inspiration die Natur selbst ist.

Das wohl gebräuchlichste auf *Merikomi* basierende Konstruktionssystem ist ein hölzernes Tragwerk aus geraden, im Querschnitt reduzierten und durch Doppelzapfen verbundenen Latten. Es bildet ein Gerüst, das als vertikal tragende Wand (in einer Ebene angeordnet), als horizontale Beplankung oder als Dachkonstruktion dienen kann. Es ist ein sehr universell einsetzbares System, das für Wände, Böden und eine Vielzahl weiterer Formen verwendet werden

of stress and the strains are always kept inside the elastic field. This "dispersion" of joints is totally different from the Western approach of "concentration" of joints and connection points and, as I said, performs better in case of horizontal load (earthquakes or wind). Aesthetically, it allows an expression of harmonic junction between elements, which takes its inspiration directly from nature.

The first and most frequently used structural system based on the principle of *Merikomi* is a wooden latticework made up of straight, reduced-section strips of wood with twin tenon joints to create a structural framework capable of functioning as a vertical load-bearing separator (clad in the same plane), horizontal planking or roofing. It is a universal system that can be used to create walls or floors, adapted to create a variety of shapes and it is also resistant to earthquakes.

This wooden lattice system was already known in Japan in the past as the *Mengoshi* system and the feature of such classical wooden architecture was not to use metal connectors, but to rely on hardwood dowels and grooved joints. Such techniques can only be developed thanks to master wood carpenters who still work in Japan and can now be helped by automatic cutting machines.

Kitagawara updated the *Mengoshi* system by factoring in the vital issue of sustainability. Japanese forests are now endangered by a lack of demand for expensive domestic wood, which results in

kann; überdies ist diese Bauweise erdbebensicher. Im alten Japan wurde dieses Konstruktionsprinzip als *Mengoshi* bezeichnet. Das Besondere an dieser klassischen Holzarchitektur war, dass anstelle von Stahlbindern Hartholzdübel und Nut- und Federverbindungen aus Holz benutzt wurden. Bis heute bringen es die japanischen Zimmerleute in diesen Techniken zu höchster Meisterschaft, inzwischen unter Zuhilfenahme von Fräsmaschinen.

Indem Kitagawara den Faktor der Nachhaltigkeit einführte, gelang es ihm, *Mengoshi* in die Gegenwart zu übertragen. Heute sind die Wälder Japans aufgrund zu geringer Nachfrage nach hochwertigen heimischen Hölzern gefährdet. Denn der geringe Holzbedarf hat Personalmangel in der Waldpflege zur Folge und bewirkt ein Ungleichgewicht zwischen Abholzung und Aufforstung. Um hochqualitatives Holz zu produzieren und die Wälder in ihrer Funktion für den Katastrophenschutz (Erdrutsche, Überflutungen etc.) erhalten zu können, muss die richtige Dichte im Baumbestand gewährleistet sein. Mit zunehmender Größe der Bäume muss der Bestand ausgedünnt werden. Das dabei anfallende Holz ist qualitativ schlecht, denn es handelt sich vor allem um junge Bäume mit geringem Umfang, die zudem häufig verwachsen sind. Normalerweise findet dieses Ausschussholz keinerlei Verwendung in der Herstellung von tragenden Bauteilen. Im Zuge ihrer Forschungen fanden Kitagawara und Inayama jedoch einen Weg, diese minderwertigen, in

a lack of personnel who cultivate the forests, so that the balance of deforestation and reforestation is lost. In order to obtain quality wood and sustain the disaster-prevention functions of the forest (landslides/floods, etc.), maintenance of the appropriate density is particularly vital. With the trees growing bigger, some of them have to be removed. However this cull is of low-quality wood—young trees with reduced section that are often warped—which is usually considered unsuitable for pillars and beams. With their developments, Kitagawara and Inayama found a way of using this low-quality timber, limited both in diameter and length, for structural members with interesting aesthetic effects that are both contemporary and Japanese. Using a very precise process of bark removal, automated cutting and joint grooving, the wood is assembled in the above-mentioned wooden lattices as well as long spanning structures.

Therefore, with tradition as the starting point, then adding technology to a refined minimalist architectural approach, a low quality material has been successfully ennobled, investing it with new quality and functionality, capable of launching a new line in technology onto the market, and thus bringing new life to a troubled industry.

The projects that use *Merikomi* construction techniques are the Gifu Academy of Forest Science and Culture (2001, in Mino, Gifu

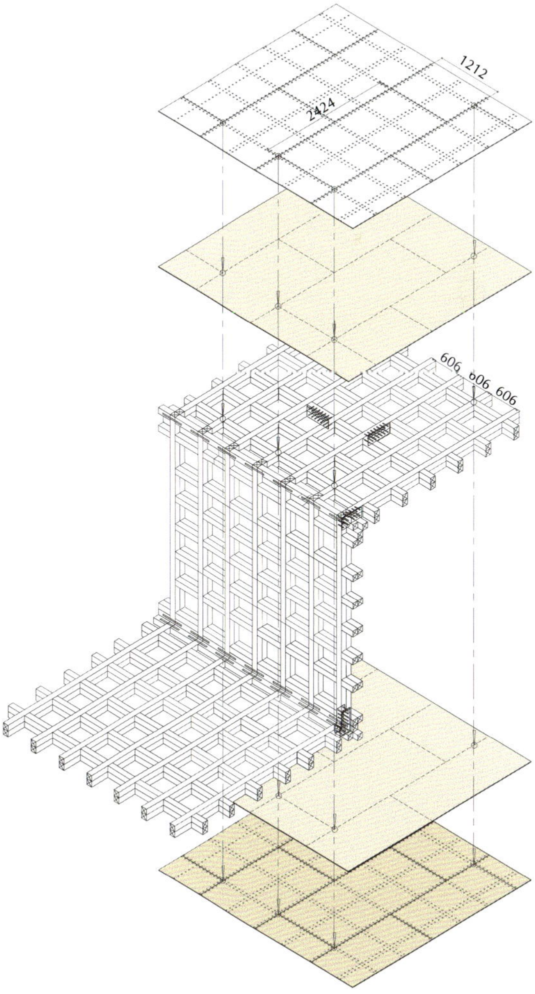
1212
2424
606
606
606

Querschnitt und Gesamtlänge zu geringen Hölzer als Bauelemente verwenden zu können, und erzielten mit ihrem Ergebnis eine ganz eigene, traditionell und zugleich modern anmutende Ästhetik. Nach einem hochpräzisen Entrindungsvorgang, maschineller Sägung und Abbund können die Hölzer in der schon beschriebenen gitterartigen Konstruktionsart oder zu Tragwerken von großer Spannweite verbaut werden.

Ausgehend von handwerklicher Tradition und mit dem Anspruch auf eine minimalistische Architekturästhetik wurde ein vormals minderwertiges Material mithilfe neuester Technologie in nachhaltiger Weise veredelt. Qualitativ aufgewertet und funktional neu definiert, kann es als innovative Produktlinie auf den Markt gebracht werden und eine gefährdete Forstindustrie wiederbeleben.

Die Projekte, bei denen Merikomi Anwendung fand, sind die Akademie für Forstwissenschaft und Kultur Gifu (2001 in Mino, Präfektur Gifu), das Kino Kuni Informationszentrum (2001 in Kofu, Präfektur Yamanashi), das „Hida Rind"-Ausstellungszentrum (2002 in Hida, Präfektur Gifu), der Kaisho No Mori Aussichtspavillon (2005 in Seto, Präfektur Aichi) sowie die Inariyama Sonderschule (2008 in Chikuma, Präfektur Nagano).

Diese Bauprojekte und ihre Konstruktionssysteme sind mit einer Reihe prestigeträchtiger Preise ausgezeichnet worden, darunter die Arcasia Gold Medal (2003), der AIJ Technical Award (2002) und der Gengo Matsui Award (2002). Mit dem zu Beginn erwähnten Preis für Innovative Architektur (verliehen in Italien) wurde all diese architektonische Forschungsarbeit ausgezeichnet, die Nachhaltigkeit in neuartiger Manier interpretiert: kulturell in alten Traditionen verwurzelt, aber in die Zukunft weisend.

Die Akademie der Forstwissenschaften und Kultur Gifu ist insofern ein paradigmatischer Entwurf, als deren Funktion zum Ausgangspunkt für Überlegungen zu einer neuen Art der Holzverwendung wurde, in der sich die Stärken des Materials sowie das enorme Potenzial an Nachhaltigkeit zeigt. Überdies bewirkte er sogar eine Adaptierung der bisherigen Bauordnung. Die Akademie setzt sich aus einem Studienbereich, einem Gästehaus, einem Bereich für Technik und Fuhrpark, Werkstätten und dem Wald-Erlebnisbereich zusammen. Studenten der Forstwirtschaft und interessierte Laien können sich hier gleichermaßen einer Vielzahl von Aktivitäten widmen, die sich mit der forst- und landwirtschaftlichen Kultur beschäftigen oder den Wald und die heimische Flora als natürliches Erbe in den Vordergrund stellen. Die Akademie will einem breiten Publikum die Arbeitsweisen und kulturelle Bedeutung von Forstwirtschaft aufzeigen, damit die Menschen sich dessen wieder bewusst werden.

Prefecture) the Kino-Kuni Information Pavilion (2001, in Kofu, Yamanashi Prefecture) the "Hida Cattle" Exhibition Center (2002, in Hida, Gifu Prefecture), the Kaisho No Mori Observatory (2005, in Seto, Aichi Prefecture), and the Inariyama Special Education School (2008, in Chikuma, Nagano Prefecture).

These projects and their construction systems have won various prestigious awards, including the Arcasia Gold Medal in 2003, the AIJ Technical Award in 2002, and the Gengo Matsui Award in 2002. The Architecture and Innovation award mentioned at the beginning (won in Italy) was awarded to all of this architectural research, as sustainability was treated in an innovative way, culturally rooted in the past but projected into the future.

The Gifu Academy of Forest Science and Culture is a paradigm design, in that the very function for which it was intended became the starting point for a reflection on a new way of using wood, expressing its strengths, adapting the building code to it and demonstrating its enormous potential for sustainability. The spaces comprise the academy zone, the guest house zone, the technical zone, the workshop zone, and the forest experience zone. Forestry students and amateur visitors alike can engage in a wide range of activities linked to the culture of forestry and agriculture, the natural heritage of the woods and the native flora. The main aim of the Academy is to reeducate people about proper forestry procedures.

Three different structural systems are used in the project, most of which are visible: a "tree form" structure in the workshop buildings, a sandwich structure in the guest house buildings and the *Mengoshi* structure in the rest of the buildings. The bearing lattice of the *Mengoshi* is in wood with sections of 90x90 millimeters and 105x105 millimeters, thus demonstrating the potential—in structural, architectural and aesthetic terms—of a material obtained from what is generally scrap wood. The use of local timber and the absence of metal joints and connectors show a refined and intelligent approach to sustainability. Wood, a renewable, eco-friendly resource, when employed as a construction material, uses fewer energy resources and leaves a smaller ecological footprint than other materials.

A further three of the projects mentioned above also use the *Mengoshi* load-bearing wooden lattice system, displaying its great versatility and ability to define surprising and different spaces by the arrangement of the load-bearing separators.

In the Kino-Kuni Pavilion, built in the Kofu basin at the foot of the Minami Alps, the *Mengoshi* system has been designed as a sort of "continuous ribbon" that takes the form of vertical load-bearing

[120–121]
„Hida Rind" – Ausstellungszentrum
"Hida Cattle" – Exhibition Center

Drei Konstruktionsweisen kamen bei diesem Bau zur Anwendung und prägen die Gestalt des Komplexes: die „baumförmige" Struktur der Werkstätten, die Sandwichbauweise des Gästehauses und die *Mengoshi*-Struktur, in der die übrigen Gebäude errichtet sind. Das *Mengoshi*-Gittertragwerk ist aus Hölzern mit Querschnitten von nur 90 x 90 Millimetern und 105 x 105 Millimetern gefertigt und zeigt, welches konstruktive, architektonische und ästhetische Potenzial in diesem Bauholz steckt, das gemeinhin als Abfall galt. Die Verwendung heimischer Hölzer unter Verzicht auf Stahlverbinder und -knotenpunkte zeugt von einem ausgereiften Sinn für Nachhaltigkeit. Holz ist eine erneuerbare, ökologisch wertvolle Ressource. Es benötigt zur Weiterverarbeitung sehr viel weniger Energie und hinterlässt einen weitaus geringeren ökologischen Fußabdruck als die meisten anderen Baustoffe.

In drei weiteren der oben genannten Projekte wurde das *Mengoshi*-Holzgittersystem als Konstruktionsweise verwendet. Sie alle sind ein Beweis für die enorme Vielseitigkeit des Systems, das durch die Anordnung der tragenden Wände die verblüffendsten, vielseitigsten Räume entstehen lässt.

separators as well as horizontal surfaces of both the roof and the floor. The whole complex has been designed around a courtyard. The covered areas are interlinked and therefore do not separate or limit the architecture, extending it towards the little town and the natural mountainous landscape that is its backdrop. The wooden architecture is therefore an undefined border, open and in a perfectly osmotic relationship with the context that surrounds it.

In the "Hida Cattle" Exhibition Center the addition of diagonal plates that look like small clouds further raises the levels of resistance to horizontal loads from wind or seismic activity. They simultaneously create surprising aesthetic effects, varying the regular rhythm marked out by the structural squares of the wooden *Mengoshi* frame.

The Kaisho No Mori Observatory designed as a permanent pavilion for the 2005 World Exposition in Aichi, is right at the heart of the Kaisho Forest, reaching above and exploring the tree tops. The spaces in the *Mengoshi* lattice are partially filled with glass panels, again adding rigidity to the structure against horizontal wind or seismic loads. The natural forest is translated into a geometric and structural pattern. In between nature and architecture is the intense concept elaborated by Kitagawara.

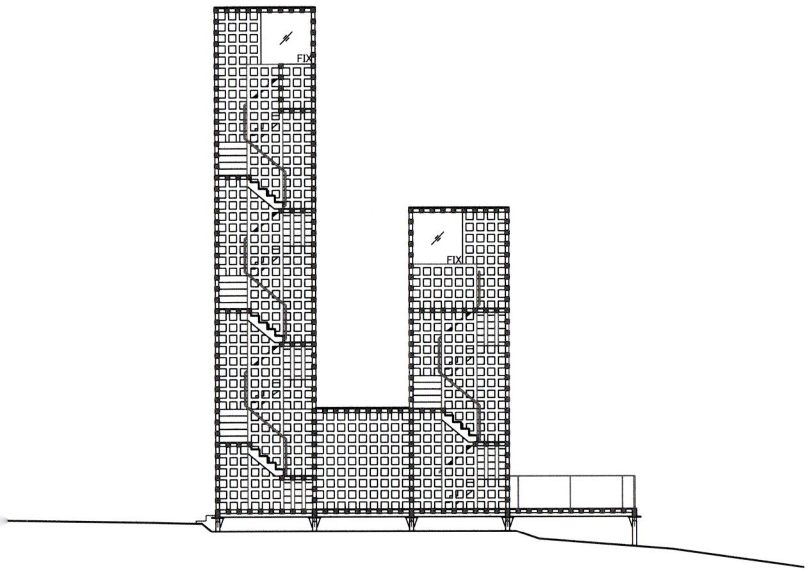

Für den Kino-Kuni-Pavillon, inmitten des Kofu-Beckens am Fuße der Minami-Alpen gelegen, wurde das Mengoshi-Gitter in Form einer „Endlosschleife" geplant, die sowohl die vertikalen tragenden Trennwände als auch die horizontalen Flächen des Daches und der Böden bildet. Der ganze Komplex ist um einen Hof angelegt und alle überdachten Bereiche sind miteinander verbunden. Durch diese Anordnung wird die Gesamtarchitektur weder zerrissen noch abgeschlossen, sondern macht sie durchlässig und öffnet sie zur kleinen Ortschaft und den natürlichen Bergketten ringsum. Die Holzstruktur ist keine klar definierte Begrenzung der Innenräume; sie ist luftig und erzeugt eine gleichsam osmotische Beziehung zwischen Innen- und Außenraum.

[124–127]
Inariyama Sonderschule
Inariyama Special Education School

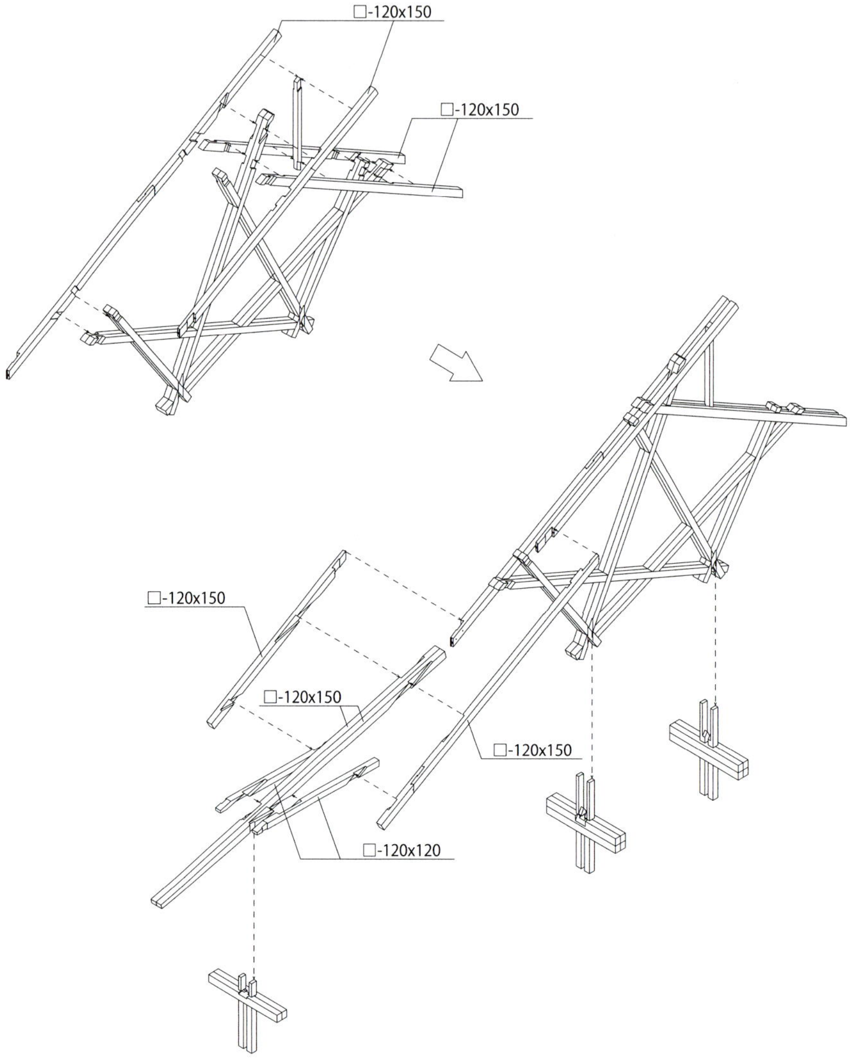

Im „Hida-Rind"-Ausstellungszentrum wird durch Verwendung diagonaler Platten, die wie kleine Wolken anmuten, die Widerstandsfähigkeit gegen horizontale Lasten erhöht, wie sie durch Wind oder Erdbeben einwirken können. Gleichzeitig entstehen durch die Auflockerung des quadratischen *Mengoshi*-Rahmens beeindruckende ästhetische Effekte.

Der Kaisho-No-Mori-Aussichtspavillon wurde als dauerhafter Pavillon für die Weltausstellung 2005 in Aichi entworfen und liegt im Herzen des Kaisho-Waldes, dessen Baumwipfel er erreicht und überragt. Die Felder des *Mengoshi*-Gitters sind teilweise mit Glasscheiben ausgefacht, um die Konstruktion einmal mehr gegen horizontale Wind- und Erdbebenlasten zu schützen. Die natürlichen Strukturen des Waldes werden in ein geometrisches Konstruktionsmuster übersetzt und Kitagawaras starkes Entwurfskonzept oszilliert zwischen Natur und Architektur.

The Inariyama Special Education School, completed in 2008, represents a further evolution of Kitagawara's approach to wood, where he applies the idea of *Merikomi* joints that he already explored in the *Mengoshi* system, to other structural systems: a double column and beam structure as well as spectacular roof structures in the form of modified trusses. Both are made from natural wood connected by automatic cut joints. So again, tradition and innovation are combined to enhance sustainability. This goal is also reached thanks to the provenience of wood from local forests. The structure was optimized by checking with special stress/strain tests and mock ups that were necessary before building this architecture.

The school is dedicated to children with special needs, so shapes, natural light and materials were used to create a stimulating and friendly building. The result is surprising and in my opinion is an allegory of the difference and uniqueness of each

Die 2008 fertiggestellte Inariyama-Sonderschule markierte eine Weiterentwicklung in Kitagawaras Umgang mit dem Baustoff Holz. Die schon im *Mengoshi* erprobten *Merikomi*-Knotenpunkte wendete er hier auf eine ganz andere Weise an. Er entwarf eine Konstruktion aus Doppelstützen und Balken sowie spektakuläre Dachkonstruktionen in Form von modifizierten Fachwerkträgern. Diese Träger bestehen jeweils aus Vollholzstäben, die mithilfe von maschinell gefrästen Verbindungen ineinandergreifen. Einmal mehr treffen hier also Tradition und technische Innovation aufeinander und entsprechen dem Wunsch nach Nachhaltigkeit, welche durch die ausschließliche Verwendung von Hölzern aus heimischen Wäldern noch gesteigert wird. Vor dem eigentlichen Baubeginn wurde die Konstruktion durch spezielle Belastungsproben und Simulationen optimiert.

Die Schule beherbergt Kinder mit besonderen Bedürfnissen; mithilfe von Formen, natürlichem Lichteinfall und ausgewählten Materialien wurden anregende und einladende Räume für sie geschaffen. Das Ergebnis besticht und steht in meinen Augen sinnbildlich für die Vielfalt der Menschen und die Einzigartigkeit eines jeden Einzelnen und dessen hohen Wert, der sich nicht an körperlichen oder geistigen Fähigkeiten messen lässt.

Ob *Mengoshi*, die tragende „baumförmige" Struktur der Gifu-Akademie oder das abgewandelte Fachwerk der Inariyama-Sonderschule – letztlich basieren alle Holzkonstruktionen Kitagawaras auf dem einen überlieferten Prinzip des *Merikomi*. Die vielen in ihrer Gestalt so unterschiedlichen Projekte und die jeweils angewandten Bauweisen demonstrieren, wie eine so uralte Konstruktionstechnik auf heutige Formen und Bedingungen übertragen werden kann – traditionelle Handwerkskunst wird modern interpretiert.

human being and their value, independent of the physical or mental condition.

Ultimately, each and every joint, both in the *Mengoshi* structure and also in the main load-bearing tree form structure of Gifu Academy or the modified truss structure of Inariyama School, shares the same old principle of *Merikomi*. All of these different projects and the systems applied demonstrate how such a very old and traditional technology of construction can be adapted to new shapes and contemporary interpretations of ancient mastership.

ZEIT UND RAUM
TIME AND SPACE

Kathrin Sauerwein

Das Ephemere erfährt in Japan eine ganz besondere Wertschätzung. Am bekanntesten ist sicherlich das Zelebrieren der vergänglichen Schönheit der Kirschblüte. Aber auch seltene Naturereignisse oder das einfache Betonen des Wandels der Jahreszeiten erfreuen sich großer Beliebtheit.

Diese Ästhetik der Vergänglichkeit und des Wandels spiegelt sich in der Architektur nicht nur in ästhetischen Konzepten wie dem des Wabi-Sabi[1], sondern auch in der Konzeption des Raumes. Vereinfacht gesagt, ist das Erleben des Raumes über die Zeit hinweg betrachtet wichtiger als das Erleben des Raumes an sich. Oder mit den Worten des japanischen Architekten und Architekturtheoretikers Arata Isozaki gesagt: „… in Japan wurden Raum und Zeit nie als völlig voneinander getrennt betrachtet, sondern als korrelierend und allgegenwärtig." „…Raum wurde als identisch mit den Ereignissen oder Phänomenen angesehen, die sich in ihm abspielten; das heißt, dass Raum ausschließlich in seiner Beziehung zum zeitlichen Ablauf wahrgenommen wurde."[2]

So findet sich auch in den Projekten von Atsushi Kitagawara ein sehr starkes zeitliches Moment. Er arbeitet sowohl mit dem Erleben von Raum mit zeitlicher Dimension durch die Bewegung des

The ephemeral is highly esteemed in Japan. Most well known is certainly the celebration of the cherry blossoms' fleeting beauty. But rare natural phenomena or the simple accentuation of the change of seasons also enjoy enormous popularity.

This aesthetic of transience and change are reflected in the architecture, not only in aesthetic concepts like those of the Wabi-Sabi,[1] but also in the conception of space. Simply put, the experience of space over time is considered more important than the experience of space itself. Or in the words of the Japanese architect and architecture theorist Arata Isozaki: "... in Japan space and time were never fully separated but were conceived as correlative and omnipresent....space was perceived as identical with the events or phenomena occurring in it; that is space was recognized only in its relation to time-flow."[2]

Hence, a very strong temporal moment is also to be found in Atsushi Kitagawara's projects. He works both with the experience of space with temporal dimension through the movement of the body, and with atmospheric effects that bring about the change of the space during the course of the day and year. Two projects—whose concepts are heavily based on the latter, atmospheric ele-

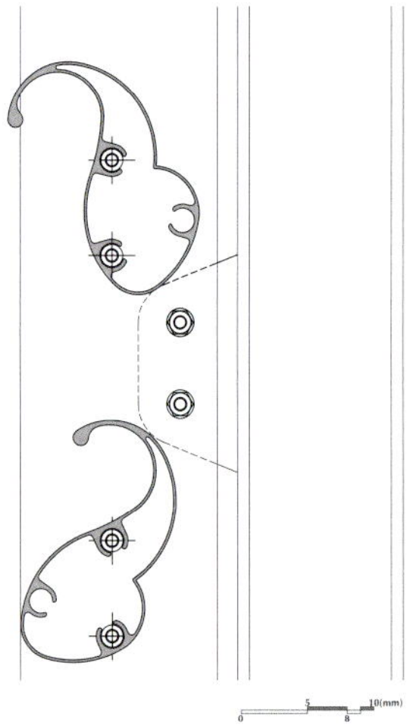

Detailschnitt: Brise Soleil aus Aluminium
Detail section: Aluminium brise-soleil

[128–131]
Shiranuhi Bibliothek und Kunstmuseum, Uki, Präfektur Kumamoto
Shiranuhi Library and Art Museum, Uki, Kumamoto Prefecture

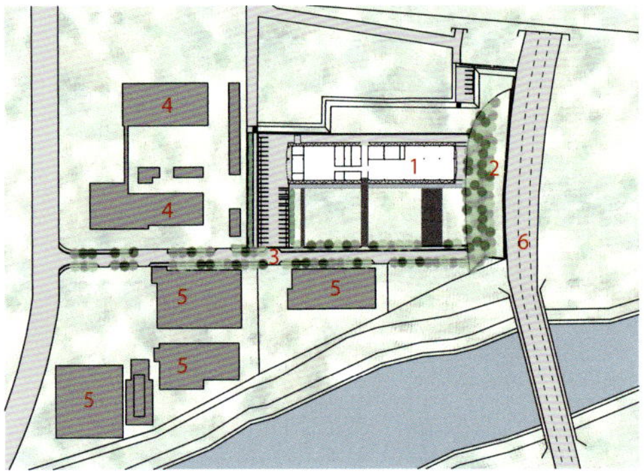

Lageplan Site plan

1 Shiranuhi Bibliothek und Kunstmuseum
Shiranuhi Library and Art Museum
2 Lärmschutzwall
Noise protection embankment
3 Neuangelegte Keyaki-Allee
Newly constructed boulevard with keyaki trees
4 Gemeindeverwaltung und Bürgerzentrum
Municipal administration and community center
5 Öffentliche Sporteinrichtungen
Public sports facilities
6 Eisenbahn
Railroad

eigenen Körpers als auch mit atmosphärischen Effekten, die den Wandel des Raumes im Tages- und Jahresverlauf bewirken. Zwei Projekte, deren Konzeption sehr stark auf den letzteren, atmosphärischen Elementen des Wandels beruht, sind die mit mehreren Preisen ausgezeichnete Shiranuhi Bibliothek und Kunstmuseum aus dem Jahr 1999 und der Nebelwald im Showa Gedächtnispark aus dem Jahr 1992.

Shiranuhi – das unverständliche Feuer – ist der Name eines Naturphänomens, nach dem eine Gegend auf Kyushu, der südlichsten der vier japanischen Hauptinseln, benannt wurde. Bei günstigen Wetterbedingungen kann man dort in den Sommernächten um den 1. August herum über dem Meer wandernde Lichter beobachten. Das rätselhafte Phänomen, das sich schon im Mittelalter großer Beliebtheit erfreute, ist inzwischen erforscht: Durch Temperaturunterschiede zwischen Meerwassertümpeln und Sand bildet sich über dem ausgedehnten Watt eine komplexe Verteilung warmer

ment of change—are the multiple-award-winning Shiranuhi Library and Art Museum from 1999 and the Fog Forest in the Showa Memorial Park from 1992.

Shiranuhi—the incomprehensible fire—is the name of a natural phenomenon which gave name to a whole region in Kyushu, the southernmost island of Japan's four main islands. Under favorable weather conditions, one can observe wandering lights above the sea in the summer nights around the first of August. The puzzling phenomenon, which was already enormously popular in the Middle Ages, has meanwhile been scientifically researched: through temperature differences between the sea water pools and sand, a complex distribution of warm and cold air columns forms above the extensive tidal flat; in this vortex the lights of fishing boats are refracted, amplified, and multiplied.

Kitagawara wanted to convey this—despite the scientific explanation—ultimately incomprehensible and moreover elusive event in

und kalter Luftsäulen, in deren Wirbelbewegung die Lichter von Fischerbooten gebrochen, verstärkt und multipliziert werden.

Dieses trotz wissenschaftlicher Erklärung letztendlich unfassbare und zudem flüchtige Ereignis wollte Kitagawara als Symbol lokaler Identität in Architektur übertragen. Das Instrument, das er dazu nutzt, ist die Fassade. Vom eigentlichen Gebäude 1,8 Meter abgerückt und in der Höhenentwicklung von diesem unabhängig, ist die äußerste Schicht dieser Fassade ein selbstständiges Element. Sie besteht aus unregelmäßig gegeneinander versetzten, vertikalen Gruppen horizontaler Aluminiumlamellen, die den Eindruck der Momentaufnahme eines in Bewegung befindlichen Organismus erwecken. Der kommaförmige Querschnitt der reflektierenden Lamellen, die zudem in drei verschiedenen Winkeln angebracht wurden, kreiert ein kontrastreiches Licht- und Schattenspiel in beständiger Veränderung. Unter der gleißenden Sonne Südjapans entsteht so ein flimmerndes Bild, das an die atmosphärischen Schichtungen und den konstanten Wandel der Lichter über dem Meer erinnert. Zusammenfassend kann man sagen, dass diese Fassadenschicht die gekonnte Synthese drei verschiedener atmosphärischer Instrumente ist: Reflexion und Chiaroscuro nach außen und das durch die Lamellen bedingte Schattenspiel im Innenraum. Darüber hinaus versucht Kitagawara über die Form des Querschnitts der Lamellen eine weitere, intellektuelle Verbindung zur japanischen Mythologie einzubringen: Die Kommaform wird schon seit der Steinzeit für Schmucksteine, sogenannte Magatama, verwendet und ein solcher Stein fungiert seit der Heian-Zeit als eines der drei kaiserlichen Insignien Japans.

architecture as a symbol of local identity. The instrument he employs is the façade. Offset from the actual building by 1.8 meters and independent from it in the height development, the outermost layer of this façade is an autonomous element. It consists of irregularly staggered, vertical groups of horizontal aluminum louvers, which create the impression of a snapshot of an organism in motion. The comma-shaped cross section of the reflecting louvers, which were also mounted at three different angles, creates a high-contrast play of light and shadow in constant flux. Thus, under the blazing sun of southern Japan, a flickering image emerges that recalls the atmospheric layers and constant change of the lights over the sea. Summarizing, one could say that this façade layer is a skillful synthesis of three different atmospheric instruments: reflection and chiaroscuro outwardly, and the shadow play in the interior caused by the louvers. Moreover, through the form of the lamella's cross section, Kitagawara attempts to introduce another intellectual connection to Japanese mythology: the comma shape has been used since the Stone Age for precious stones, so-called Magatama, and such a stone has functioned as one of the three Imperial insignia of Japan since the Heian period.

In the landscape design for the Fog Forest, however, Atsushi Kitagawara uses the fog's own nebulousness and uncertainty to express the specifically Japanese phenomena of change and partial visibility. The project is a collaboration with the fog artist Fujiko Nakaya, for whose fog world Kitagawara created a mysterious setting: small, geometrical grass hills, which are meant to be reminiscent of grave mounds, are distributed in regular rows on the site. The chemical-

Bei der Landschaftsgestaltung für den Nebelwald hingegen nutzt Atsushi Kitagawara die dem Nebel eigene Verschwommenheit und Ungewissheit, um die so spezifisch japanischen Phänomene des Wandels und der teilweisen Sichtbarkeit auszudrücken.

Das Projekt ist eine Kollaboration mit der Nebelkünstlerin Fujiko Nakaya, für deren Nebelwelt Kitagawara eine mysteriöse Kulisse schuf: Kleine, geometrische Grashügel, die an Grabhügel erinnern sollen, sind in regelmäßigen Reihen auf dem Grundstück verteilt. Der chemikalienfreie Nebel quillt alle 30 Minuten aus wasserzerstäubenden Düsen, die sowohl am Rande einer mittig gelegenen, quadratischen Vertiefung als auch in einem zehn Meter langen zylinderförmigen Körper aus Lochmetall angebracht sind. Mit dem Verstreichen der Zeit nach dem Austritt, beeinflusst durch Wind, Temperatur und Luftfeuchtigkeit, ändert sich die Sichtbarkeit der Silhouetten der Hügel und Besucher, die aus dem magischen Nebelwald auftauchen. Es ist ein Schauspiel des kontinuierlichen Wandels, das eine Interaktion zwischen Landschaft, Nebel und Mensch kreiert.

Trotz der geometrischen Formen und metallenen Materialien sind beide Projekte aufgrund der atmosphärischen Elemente der Vergänglichkeit letztendlich weiche Architekturen. Atsushi Kitagawara schuf nicht rationale, sondern geistig-intuitive Räume, die gerade durch ihre Ambiguität und Verschwommenheit in Verbindung mit archetypischen Bildern den Menschen tief in seinem Unbewussten bewegen.

1 Mehr Informationen zum Thema Wabi-Sabi in: Leonard Koren: *Wabi-Sabi for Artists, Designers, Poets & Philosophers.* Berkeley, Calif. 1994

2 Arata Isozaki: *MA – Space-Time in Japan.* New York (Cooper-Hewitt Museum) 1979, S. 13

free fog arises every thirty minutes from water atomization nozzles, which are mounted both on the edge of a centrally located, square recess, and in a ten-meter-long cylindrical body made of perforated metal. The passage of time after the discharge—influenced by wind, temperature, and humidity—changes the visibility of the silhouettes of the hills and the visitors, who emerge from the magical fog forest. It is a spectacle of continuous change, which creates an interaction between landscape, fog, and people.

Despite the geometric shapes and metal materials, both projects are ultimately soft architectures, due to the atmospheric elements of transience. Atsushi Kitagawara didn't create rational spaces, but spiritual and intuitive ones, which precisely through their ambiguity and nebulousness in connection with archetypical images, move the visitors deep in their subconscious.

1 More information on the subject of Wabi-Sabi in: Leonard Koren: *Wabi-Sabi for Artists, Designers, Poets & Philosophers.* Berkeley, Calif. 1994.

2 Arata Isozaki: *MA – Space-Time in Japan.* New York (Cooper-Hewitt Museum) 1979, p. 13.

[132–133]
Nebelwald im Showa Gedächtnispark, Tachikawa, Tokio
Fog Forest in the Showa Memorial Park, Tachikawa, Tokyo

DIE AUTOREN
THE AUTHORS

Aaron Betsky

Aaron Betsky ist Direktor des Cincinnati Art Museum. Außerdem ist er als Kritiker, Dozent und Autor in den Bereichen Kunst, Architektur und Design tätig. Er hat über ein Dutzend Bücher zu diesen Themen veröffentlicht und bloggt zweimal pro Woche auf architectmagazine.com. Im Jahr 2008 leitete er die 11. Internationale Architekturbiennale Venedig. Vorher war er Direktor des Niederländischen Architekturinstituts und Kurator für Architektur, Design und digitale Projekte am San Francisco Museum of Modern Art.

Aaron Betsky is the Director of the Cincinnati Art Museum. He is also active as a critic, lecturer, and writer about art, architecture, and design. He has published over a dozen books on these subjects, and contributes a twice-weekly blog to *architectmagazine.com*. In 2008, he directed the 11th International Architecture Biennale Venice. Previously, he was Director of the Netherlands Architecture Institute and Curator of Architecture, Design, and Digital Projects at the San Francisco Museum of Modern Art.

Masato Kawamukai

Professor für Architekturgeschichte und-theorie an der Tokyo University of Science. 1974 Abschluss an der Tokyo University. 1977–79 Technische Universität Wien und Universität Wien, Stipendium der österreichischen Regierung. Wichtige Publikationen: *Contemporary Architecture—The Methods and Ideas Connecting City and Architecture*, 2005; *Critical Studies on the 20th-century Modernism*,1998; Übersetzung von V. M. Lampugnani: *Architektur und Städtebau des 20. Jahrhunderts*,1985

Professor of Architectural History and Theory, Tokyo University of Science. 1974 Graduate Tokyo University. 1977–79 Technical University of Vienna and University of Vienna, with a fellowship from Austrian government. Major Publications: *Contemporary Architecture—The Methods and Ideas Connecting City and Architecture*, 2005; *Critical Studies on the 20th-century Modernism*,1998; V. M. Lampugnani: *Architektur und Städtebau des 20. Jahrhunderts*, trans.,1985.

Marco Imperadori

Prof. Dr. Marco Imperadori ist Forscher und Designer mit Schwerpunkt auf energieeffizienten Gebäuden, Systemen für Tragwerke und Gebäudehüllen sowie Nachhaltigkeit. Er hält eine Professur an der Politecnico di Milano und ist dort Delegierter des Rektors für den Bereich Ferner Osten. Weltweite Vorträge und Gastprofessuren; Autor zahlreicher Fachbücher und -aufsätze. Zusammen mit Valentina Gallotti führt Imperadori das Designstudio Atelier 2 in Mailand.

Prof. Dr. Marco Imperadori is a researcher and designer with a focus on energy-efficient buildings, structure/envelope building systems, and sustainability. He is university professor and currently Rector's Delegate for the Far East of Politecnico di Milano. He has been invited as Lecturer and Visiting Professor worldwide. Author of scientific publications and essays, his work has been widely published. Imperadori is the principal, with Valentina Gallotti, of Atelier 2, design studio placed in Milan.

Kathrin Sauerwein

Kathrin Sauerwein, Dipl.-Ing. Architektur, lebt und arbeitet seit 2008 in Tokio. Bis 2007 Studium der Architektur an der RWTH Aachen und der Universitat Politècnica de València. Tätigkeit in Architekturbüros in Deutschland, Spanien und Österreich. 2008 „Sprache und Praxis in Japan" Stipendium des DAAD. Seit 2010 EU-Repräsentant und Architekt bei Atsushi Kitagawara Architects.

The graduate architect Kathrin Sauerwein has been living and working in Tokyo since 2008. In 2007, she completed her architecture studies at RWTH Aachen and the Politècnica de València university. She has worked for architecture offices in Germany, Spain, and Austria. In 2008, she was awarded the "Language and Practice in Japan" scholarship by the DAAD. She has been an EU representative and architect at Atsushi Kitagawara Architects since 2010.

DER ARCHITEKT
THE ARCHITECT

Atsushi Kitagawara

Prof. Atsushi Kitagawara wurde 1951 geboren und wuchs in der schönen Landschaft am Fuße der japanischen Alpen auf. Er studierte an der Universität der Künste Tokio, die er 1977 mit einem Master in Architektur abschloss. Auch nach seinem Umzug nach Tokio hielt er an seiner Liebe zur Natur fest – insbesondere zu Bäumen und Schmetterlingen. 1982 gründete er in Tokio das Architekturbüro Atsushi Kitagawara Architects. Sein Werk umfasst sowohl Architekturentwürfe als auch Arbeiten im Bereich der Stadtplanung, der Landschaftsarchitektur, des Produktdesigns und des Bühnenbilds. Seine Entwürfe basieren häufig auf traditionellen japanischen Konzepten, die er abstrahiert und in zeitgemäße Formen übersetzt.
Seit 2001 lehrt er als Professor an der Universität der Künste Tokio. Unter den vielen renommierten Auszeichnungen, die er erhalten hat, sind die folgenden besonders hervorzuheben: der italienische Preis für Innovative Architektur: Design und Nachhaltigkeit 2006, der amerikanische Kenneth Brown Architecture Design Award 2007, der AIA (American Institute of Architects) Japan Award 2008 und der JIA (Japan Institute of Architects) Grand Prix 2009. 2010 erhielt er den Preis der Japanischen Akademie der Künste, der in Japan die höchste Auszeichnung im gesamten Bereich der Künste darstellt.

Prof. Atsushi Kitagawara was born in 1951 and grew up in the beautiful landscape at the foot of the Japanese Alps. He studied at Tokyo University of the Arts, where he completed his Master of Architecture in 1977. Even after moving to Tokyo he preserved his love for nature—especially trees and butterflies. In 1982, he established the office Atsushi Kitagawara Architects in Tokyo. His oeuvre ranges from architectural designs to the areas of urban planning, landscape architecture, product design, and stage design. His designs are frequently based on traditional Japanese concepts, which he abstracts and transforms into contemporary shapes.
Since 2001, he has been teaching as a professor at Tokyo University of the Arts. Among the many renowned awards he has received are the following top prizes: the Italian Innovative Architecture Design and Sustainability Award 2006, the American Kenneth Brown Architecture Design Award 2007, the AIA (American Institute of Architects) Japan Award 2008, and the JIA (Japan Institute of Architects) Grand Prix 2009. In 2010, he was awarded the Japan Art Academy Prize, which is the highest ranking prize in Japan for artists from all fields.

VIERZEHN FRAGEN
FOURTEEN QUESTIONS

Kathrin Sauerwein (KS) Was hat Sie auf Ihrem Werdegang zum Architekten geprägt?
Atsushi Kitagawara (AK) Die meisten japanischen Architekten studieren an einer technischen Universität Architektur und arbeiten nach dem Abschluss ein paar Jahre in einem Büro, bevor sie sich selbstständig machen. Mein Werdegang ist ein bisschen anders: Ich habe an einer Kunstakademie studiert und nach meinem Abschluss erst einmal drei Jahre lang die Architektur der Welt bereist. Danach habe ich mich direkt selbstständig gemacht. Während meines Studiums habe ich mich zudem zunächst eher mit Fachgebieten in der Peripherie der Architektur beschäftigt: Soziologie, Philosophie, Bildende Kunst. Mich faszinierten die Dadaisten, Marcel Duchamp, Stephane Mallarmé,

Kathrin Sauerwein KS What shaped your development as an architect?
Atsushi Kitagawara AK Most Japanese architects study architecture at a technical university, then after graduation they work for an office for a couple of years before becoming independent. My background is somewhat different: I studied at an art academy, then after graduating I first spent three years touring architectural sites around the world. After that, I immediately became self-employed. Furthermore, during my studies I initially focused primarily on peripheral aspects of architecture such as sociology, philosophy, and fine arts. I was fascinated by the Dadaists, Marcel Duchamp, Stephane Mallarmé, as well as by Japanese culture, works by Jun'ichirō Tanizaki, Kōbō Abe or

aber auch die japanische Kultur, Werke von Jun'ichirō Tanizaki, Kōbō Abe oder Kenzaburō Ōe. Über diesen Weg habe ich mich langsam der Architektur zugewendet. Auch heutzutage beschäftige ich mich noch gerne mit Feldern außerhalb der Architektur wie dem Bühnenbild- oder Möbeldesign.

KS Gibt es Architekten, die Sie beeinflusst haben?

AK Der erste, der mir einen wichtigen Impuls gab, war Ludwig Wittgenstein mit dem Wittgensteinhaus in Wien. Nicht die Form, sondern das Durchdachte, Berechnete, die perfekten Proportionen haben mich tief beeindruckt.
Mies van der Rohe war lange Zeit wie ein Gott für mich. Ich war überzeugt davon, dass niemand bessere Gebäude als Mies entwerfen kann, dass er die perfekte Architektur geschaffen hatte. Im Vergleich mit ihm hätte ich nur verlieren können. In einer Reaktion darauf habe ich dann Architektur gemacht, die komplett anders war.

KS Was genau ist so hervorragend an der Architektur von Mies?

AK Seitdem wir eine sogenannte kapitalistische Gesellschaft geworden sind, entsprechen Funktionalismus und Wirtschaftlichkeit dem sozialen Standard.
Würde sich dieses kapitalistische System ändern, gäbe es vielleicht wieder andere Entwurfsmethoden, aber solange der Kapitalismus andauert, ist Mies mit seiner Architektur, die eben diese Funktionalität und Wirtschaftlichkeit kombiniert, nicht zu übertreffen. Das Großartige an ihm ist, dass der von ihm formulierte funktionale und wirtschaftliche Raum unglaublich schön ist. Er hat sowohl bildnerisch als auch logisch den höchsten Grad an Perfektion erreicht. Seine Architektur ist von der Platzierung des Gebäudes im Stadtraum über die Gestalt des Gebäudes bis hin zu den Details perfekt.

KS Könnte man also sagen, dass Sie die Architektur der Moderne mögen?

AK In der Hinsicht, dass sie auf Mies basiert, schon. Aber wir dürfen nicht von ihr verschluckt werden. Unsere Städte sind zu einer Umgebung geworden, die fast ausschließlich aus moderner Architektur besteht. Ich sehe das Problem darin, dass all diese moderne Architektur – ganz unabhängig von ihrer architektonischen Qualität – auf denselben Regeln, derselben Denkweise basiert. Dabei sind alle Menschen verschieden, jeder ist ein einzigartiges Individuum. Verliert ein Ökosystem seine Biodiversität, funktioniert es nicht mehr richtig, die Natur verkümmert. Genauso ist das mit der Architektur der Moderne. Wenn es zu viel davon gibt, geht die „Biodiversität" der Stadt verloren. Architektur sollte je nach Bauherr, Lage, Nutzer und Programm völlig unterschiedlich sein und dadurch die Individualität jedes Einzelnen unterstützen.

KS In vielen Ihrer Werke finden sich sehr heterogene Räume, die manchmal wie aus einzelnen Teilen zusammengefügt scheinen. Warum streben Sie nach dieser Heterogenität?

AK Homogenisierung und Globalisierung schreiten gemeinsam fort. Man kann überall auf der Welt dieselben Informationen bekommen, dasselbe Mineralwasser trinken. Auch die Persönlichkeit eines jeden Menschen verändert sich. Egal, wo man auf der Welt ist, findet man plötzlich Menschen mit denselben Denkweisen. Das ist eine sehr gute und praktische Sache, denn Kommunikation wird viel einfacher. Allerdings verwischen dadurch auch die Unterschiede zwischen den Kulturen, lokale Kultur geht verloren.
Wir müssen versuchen, die Balance aus beidem, lokaler Kultur und Globalisierung, zu erlangen. Wir müssen lernen, die Vorzüge der Globalisierung zu nutzen und gleichzeitig die lokalen Kulturen zu respektieren.
Wenn ich entwerfe, lege ich sehr viel Wert auf die einzelnen Teile, ich nehme sie sehr wichtig. Denn wenn man beim Entwerfen nur auf das Ganze schaut, haben am Ende weder die Gesamtheit noch die Teile einen eigenen Charakter – beides wirkt flach.
Ich denke, die Gesamtheit des Gebäudes sollte verständlich und funktional sein, die einzelnen Teile jedoch sollten heterogen sein. Sie sollten die Bedingungen reflektieren: die lokale Kultur, den Ort, die Region, den Bauherrn oder den Charakter des Entwerfers. Dabei können diese Einzelteile durchaus widersprüchlich und unverständlich sein, solange das Gesamte verständlich bleibt.

KS Ihre ersten Gebäude wirken extrem heterogen und kompliziert. Im Laufe der Zeit wurden Ihre Gebäude immer einfacher. Gelingt es Ihnen mittlerweile, den erstrebten Effekt mit einfacheren Mitteln zu erreichen, oder hat sich die Zielsetzung geändert?

AK In der Tat war ich früher sehr habgierig. Das hat sich dann langsam geordnet. Inzwischen möchte ich mit möglichst minimalen Elementen den größtmöglichen Effekt erzielen. Früher wollte ich wirklich alles zusammenmixen und fand das dann spannend.

Kenzaburō Ōe. This path gradually led me to architecture. Even now, I still enjoy working in fields outside of architecture, such as set design or furniture design.
KS Have any architects had an influence on you?
AK The first to inspire me significantly was Ludwig Wittgenstein, with the Wittgenstein House in Vienna. It was not its form, but its perfect proportions and the way it was thought out and calculated that impressed me deeply.
I worshipped Mies van der Rohe for a long time. I was convinced that nobody could design better buildings than Mies and that he had created the perfect architecture. I could only ever be inferior to him in comparison. Consequently I decided to create architecture that was completely different.
KS What exactly is so outstanding about Mies's architecture?
AK Since we have become a so-called capitalist society, functionality and economy have become the social norm. If this capitalist system were to change, it would perhaps alter the the approach to design, but as long as capitalism remains in force, Mies and his architecture that combines this functionality and economy cannot be surpassed. The brilliant thing about him is that the functional and economical space he created is incredibly beautiful. In terms of both creativity and logic, he has achieved the highest levels of perfection, from the positioning of the building within the urban space to the architectural design and the details.
KS Would you therefore say that you like the architecture of the Modern Movement?
AK Under the aspect that it is based on Mies: yes. But it can't be allowed to take over. Our cities have become an environment that consists almost exclusively of modern architecture. The problem with that, in my view, is that all this modern architecture—regardless of its architectural qualities—is based on the same principles and ways of thinking. However, all people are different and we are all unique individuals. If an ecosystem loses its biodiversity it doesn't function properly anymore and nature withers. The same applies to modern architecture. If there is too much of it then the city loses its "biodiversity". Architecture should take on completely different forms, depending on the client, location, user, and function, thereby supporting individuality.
KS In many of your works, there are very heterogeneous spaces, which look as if they are composed of individual parts. Why do you strive for this heterogeneity?
AK Homogenization and globalization are advancing hand in hand. You can get the same information and drink the same mineral water anywhere in the world. This process even applies to the personality of each individual. No matter where you are in the world you can find people who have the same way of thinking, which is positive and convenient from the point of view that it makes communication easier, but it also blurs the distinctions between cultures and local culture gets lost. We must try to achieve a balance between local culture and globalization. We have to learn to benefit from the advantages of globalization, while at the same time respecting local cultures.
When I am designing, I attach a great deal of importance to the individual parts. If one only focuses on the whole during the design process, then ultimately neither the whole nor the parts will have distinctive features and will both appear non-descript. I think that the building as a whole should be rational and functional, while the individual parts should be heterogeneous. They should reflect the particular circumstances: the local culture, the location, the region, the client, or the personality of the designer. These individual parts can by all means be contradictory and complex, as long as the whole remains comprehensible.
KS Your first buildings appear highly heterogeneous and complex. Over time your buildings have become simpler. Is this because you have managed to achieve the desired effect using simpler means, or because your objectives have changed?
AK It's true that I used to be overly ambitious, whereas now I have calmed down. Now I aim to achieve the greatest possible effects using the fewest elements. Earlier on, I indeed found it fascinating to mix everything together, but it was all too much. The different elements negated each other, weakening the whole. It is better to have a smaller number of elements with well thought out spaces in between. It is their interrelation that creates tension and the whole forms a high quality space.
KS Although you use very sculptural elements in your architecture, they are used more as narrative elements than for their outward effect. When you are designing, how conscious are you of the temporal, narrative aspect?

Aber das war zu viel. Die Elemente negierten sich gegenseitig, das Ganze wurde schwächer. Besser ist eine sehr reduzierte Zahl an Elementen mit gut durchdachtem Zwischenraum. Das Verhältnis schafft Spannung, als Gesamtes ergibt sich ein qualitativ hochwertiger Raum.

KS Sie benutzen zwar sehr skulpturale Elemente in ihrer Architektur, verwenden sie aber nicht so sehr im Hinblick auf ihre Außenwirkung, sondern eher als narrative Elemente. Wie sehr achten Sie beim Entwerfen auf den temporalen, narrativen Aspekt?

AK Menschen können, bedingt durch ihren Körper, ein großes Gebäude nicht auf einmal erleben. Sie müssen umherlaufen, sich bewegen, durch Türen gehen. Für das Erleben ist also auf jeden Fall Zeit vonnöten. Deswegen muss man als Architekt darüber nachdenken, wie dieses Erleben stattfindet. Und so tritt dann ein narratives Element in Erscheinung. Im Raum von Mies van der Rohe gibt es ein solches narratives Element übrigens nicht. Es gibt keine Zeit dort und genau das war sehr innovativ.

Was für eine Zeit man entwirft, unterscheidet sich von Land zu Land. In Japan ist Zeit nicht regelmäßig, sondern wird schneller, bewegt sich in Zeitlupe, stoppt, unter Umständen kehrt sie auch um. Zeit wird zusammengepresst, verdichtet oder sie breitet sich aus, wird dünn. Ich denke, es ist sehr spannend, diese unterschiedlichen Zeiten zu spüren. Bei den meisten Entwürfen denke ich über die Zeit nach, denn über die Bauart der Zeit, die Art und Weise der Zeit entscheidet sich, was für eine Architektur ein Gebäude wird.

KS Warum legen Sie so viel Wert auf die Fassaden?

AK Die Szenerie der Stadt besteht aus Fassaden. Die Fassade eines Gebäudes ist ein öffentliches Gut. Sie ist nicht für das Gebäude, sondern für den städtischen Raum da. Sie könnte genausogut getrennt vom Gebäude existieren. Wie zum Beispiel in Shiranuhi. Was der Betrachter aus der Ferne fühlt, ist wichtig.

KS Haben Sie eine bestimmte Herangehensweise an das Entwerfen?

AK Ich habe keine Methodik. Die Herangehensweise ist von Fall zu Fall unterschiedlich, hängt völlig vom Projekt ab. Allerdings kann ich sagen, dass ich Architektur nicht alleine machen kann. Mich in meinem Zimmer einschließen und ganz alleine entwerfen, das wäre sehr schwierig für mich. Über Diskussionen mit den Mitarbeitern im Atelier, mit dem Bauherrn und anderen Beteiligten entstehen die Ideen. Meine Architektur ensteht durch menschliche Kommunikation. Eine demokratische Herangehensweise.

KS Wenn man Ihre Gebäude besucht, dann fällt auf, dass sie alle eine hohe Aufenthaltsqualität haben. Ich glaube, der Grund ist, dass sie ein sehr feines Gespür für den menschlichen Maßstab haben.

AK Geschichtlich betrachtet gibt es zwei verschiedene Maßstäbe: Der eine ist der göttliche, der andere der menschliche Maßstab.

In Europa hat man ehrfurchtgebietende, riesige Kirchen geschaffen. In Japan gibt es für die Götter ganz unterschiedliche Maßstäbe, von groß wie ein Berg bis klein wie ein Schmuckstück. Wohnraum hingegen wird seit alters her auf der ganzen Welt im menschlichen Maßstab gebaut. Das Konzept des menschlichen Maßstabes gibt es schon seit seit mehr als 700.000 Jahren, seit der Zeit des Cro-Magnon-Menschen. Dann enstand im 20. Jahrhundert das Konzept des Modernismus, repräsentiert durch Mies. Ich denke, damals ist ein komplett neuer, dritter Maßstab entstanden. Dieser Maßstab basiert nicht auf göttlichen oder menschlichen Konzepten, sondern auf wirtschaftlichen und politischen. Er ist ohne physikalische Realität. Ich will das Maßstabsgefühl, das die Menschen vor 70 Jahren noch hatten, in der Gegenwart fortführen und damit Architektur denken. Allerdings reicht es nicht, Räume im menschlichen Maßstab zu entwerfen. Er ist die Grundlage, aber man braucht ein Mittel, das einen auch die anderen Maßstäbe ahnen lässt.

KS Wie bringen Sie Ihren Studenten das Maßstabsgefühl bei?

AK Vor ungefähr 15 Jahren ist der Choreograf Jiři Kylián zum ersten Mal in mein Büro gekommen. Er hat sich das Hemd ausgezogen und mir ein paar Tanzfiguren gezeigt. Was er mir damals sagte, war: „Ein Tänzer zeichnet keine Pläne, aber wenn er sich bewegt, stellt er sich zum Beispiel hier, wo ich mit meiner Fingerspitze hinzeige, einen momentanen Raum vor. Der Raum beginnt immer mit dem eigenen Körper." Mit anderen Worten, der Tänzer denkt den Raum nicht als abstraktes Ding, wohingegen der Architekt den Raum abstrakt, mit Zahlen denkt. Für den Tänzer entsteht der Raum, der Maßstab aus dem eigenen Körper heraus. Streckt er den Arm aus, macht es einen

AK Because of their physical bodies, people cannot experience a large building all at once. They have to walk around, move, go through doors. Experiencing it requires time. Therefore, the architect has to think about how it will be experienced, creating a narrative aspect. Incidentally, in Mies van der Rohe's spaces there is no such narrative aspect. Time does not exist there, which is exactly why they were so innovative.
The temporal aspects of design vary from country to country. In Japan, time is not consistent, but speeds up or moves in slow motion, stops, or can even reverse. Time can contract or stretch out. I find it fascinating to sense these different temporal aspects. I take time into account in most designs, because the structure and nature of time determine what kind of architecture a building will be.
KS Why do you attach such importance to façades?
AK The scenery of a city is composed of façades. The façade of a building is public property. It serves the urban space, rather than the building. It could just as well exist separately from the building, as is the case for example in Shiranuhi. Its impact when viewed from a distance is important.
KS Do you follow a particular design procedure?
AK I don't follow a particular methodology. My approach varies from case to case and it depends entirely on the individual project. However, what they all have in common is that I cannot create architecture on my own. It would be very difficult for me to shut myself away in my office and design in solitude. Ideas are generated through discussions with colleagues in the atelier, with the client, and with the other people involved. My architecture is based on communication with others—a democratic procedure.
KS When visiting your buildings, it is clear that all represent high-quality environments. I think the reason for that is that you have a very subtle sense of human scale.
AK From a historical perspective there are two different scales: the divine and the human. Awe-inspiring, enormous churches were built in Europe. In Japan, the divine can range in size from as large as a mountain to as small as an ornament. On the other hand, since time immemorial residential space all over the world has been built based on a human scale. This concept has been around for more than 700,000 years, since the time of the Cro-Magnon.
Then the concept of modernism emerged in the twentieth century, represented by Mies. I think this led to a completely new third dimension, based not on divine or human, but on economic and political concepts. It has no physical reality. I would like to uphold the sense of perspective that people still had seventy years ago and conceive contemporary architecture accordingly. However, it is not enough to design spaces solely on the basis of the human scale, a method is needed that can include the other dimensions too.
KS How do you teach your students a sense of scale?
AK Around fifteen years ago, the choreographer Jiři Kylián visited my office for the first time. He took his shirt off and showed me a couple of dance moves. What he said to me at the time was: "A dancer doesn't sketch any plans, but when he dances he imagines a momentary space, for example here where I am pointing. The space always emerges from his own body." In other words, for a dancer space is not abstract, whereas the architects think of space as abstract and in terms of numbers. For the dancer, space and its dimensions are relative to his own body. If he stretches his arm out, it makes a difference whether he is pointing at something that is close to his fingertip or pointing towards eternity. In my opinion, this is a very significant way of thinking. I tell the university students about Kylián when I'm teaching them about perspective, scale, and dimensions: "Don't think in your heads or at the computer, but run, move about, lie down. If you imagine the space in relation to your own body you will gain a sense of perspective."

KS Can architecture change or influence society, or does it merely reflect the state of society?
AK Both. While there is architecture that has a positive influence, there is also architecture that has a negative influence. Hence, the predominantly bad architecture nowadays has a negative influence on people all over the world. These societies that have been subject to such bad influences subsequently create architecture that reflects their poor circumstances. It is a vicious circle.
KS How do you proceed in your own projects?

Unterschied, ob er auf etwas zeigt, was drei Handlängen von der Fingerspitze entfernt ist, oder ob er in die Ewigkeit weist. Ich glaube, das ist eine sehr wichtige Denkweise. Den Studenten in der Universität erzähle ich von Kylián, wenn ich ihnen den Maßstab beibringe: „Denkt nicht im Kopf oder im Computer, sondern lauft, rennt, legt euch hin. Imaginiert den Raum aus dem eigenen Körper heraus und lernt so das Maßstabsgefühl."

KS Kann Architektur die Gesellschaft verändern beziehungsweise Einfluss auf sie ausüben, oder spiegelt sie nur den Zustand der Gesellschaft?

AK Beides. Wenn es Architektur gibt, die einen guten Einfluss ausübt, dann gibt es allerdings auch Architektur, die einen schlechten Einfluss ausübt. Die heutzutage überwiegend schlechte Architektur hat also negative Auswirkungen auf die Menschen überall auf der Welt. Diese Gesellschaften, die solch schlechte Einflüsse erhalten haben, machen wiederum eine Architektur, die ihren schlechten Zustand spiegelt. Wir bewegen uns in einem Teufelskreis.

KS Wie gehen Sie in Ihren eigenen Werken vor?

AK Ich versuche mit ganzer Kraft, gute Architektur zu machen, einen positiven Einfluss auf die Gesellschaft auszuüben. Es gibt diese große, schematische Betrachtungsweise der Moderne. Ich allerdings denke nicht so sehr darüber nach, wie die Gesellschaft sein oder werden sollte. Vielmehr glaube ich, dass die Menschen auf dieser Welt in einem spirituellen Sinn sehr verletzt sind. In psychischer Hinsicht will ich diesen Menschen Träume, Hoffnungen, Ergriffenheit geben.Sie kommen in meine Gebäude, ihre Gefühle werden befreit, die kranke Seele wird ein kleines bisschen geheilt.

KS Was für einen Stellenwert hat Abstraktion für Sie?

AK Abstraktion ist traditionell ein wichtiger Bestandteil der japanischen Kultur. Durch Abstraktion kann man einen neuen Ausdruck schaffen. Aber Abstraktion alleine reicht nicht, sie ist nur Teil eines Prozesses. Zunächst einmal ermöglicht Abstraktion, objektiv zu denken. Man betrachtet die Dinge aus der Entfernung. Im nächsten Schritt muss man dann dem Abstrahierten eine Botschaft zuteilen und so entsteht die Form. Für diesen Schritt ist Menschenverstand wichtig: dass man von möglichst vielen Menschen versteht, wie sie denken und fühlen.

Alle japanischen Architekten abstrahieren, aber die Art und Weise dieser Botschaft ist bei jedem anders. Ich habe, wie schon gesagt, eine eher spirituelle Botschaft. Kein Hinweis, wie die Gesellschaft sein soll, keine großen Themen, sondern eher Respekt gegenüber dem Individuum.

AK I try as best I can to create quality architecture and to have a positive influence on society. The modern era has a grand schematic approach. On the other hand, I don't focus on how society is or should be. Instead, I believe that there are people in this world who are very damaged in a spiritual sense. From a psychological point of view, I want to give these people dreams, hopes, emotions. When they enter my buildings their feelings are liberated and their soul is healed a little.

KS How important is abstraction to you?

AK Traditionally, abstraction is an important aspect of Japanese culture. Abstraction can form a new means of expression. But abstraction alone is not enough, it is only part of the process. First of all, abstraction enables objective thinking. Objects are viewed from a distance. The next step is to give the abstract a message, thereby giving it a form. Insight into people is important for this: understanding the thoughts and feeling of as many people as possible.

All Japanese artists use abstraction, but with different means and messages. As already mentioned, my message tends to be spiritual and shows respect towards the individual, rather than providing suggestions as to what society should be or addressing key issues.

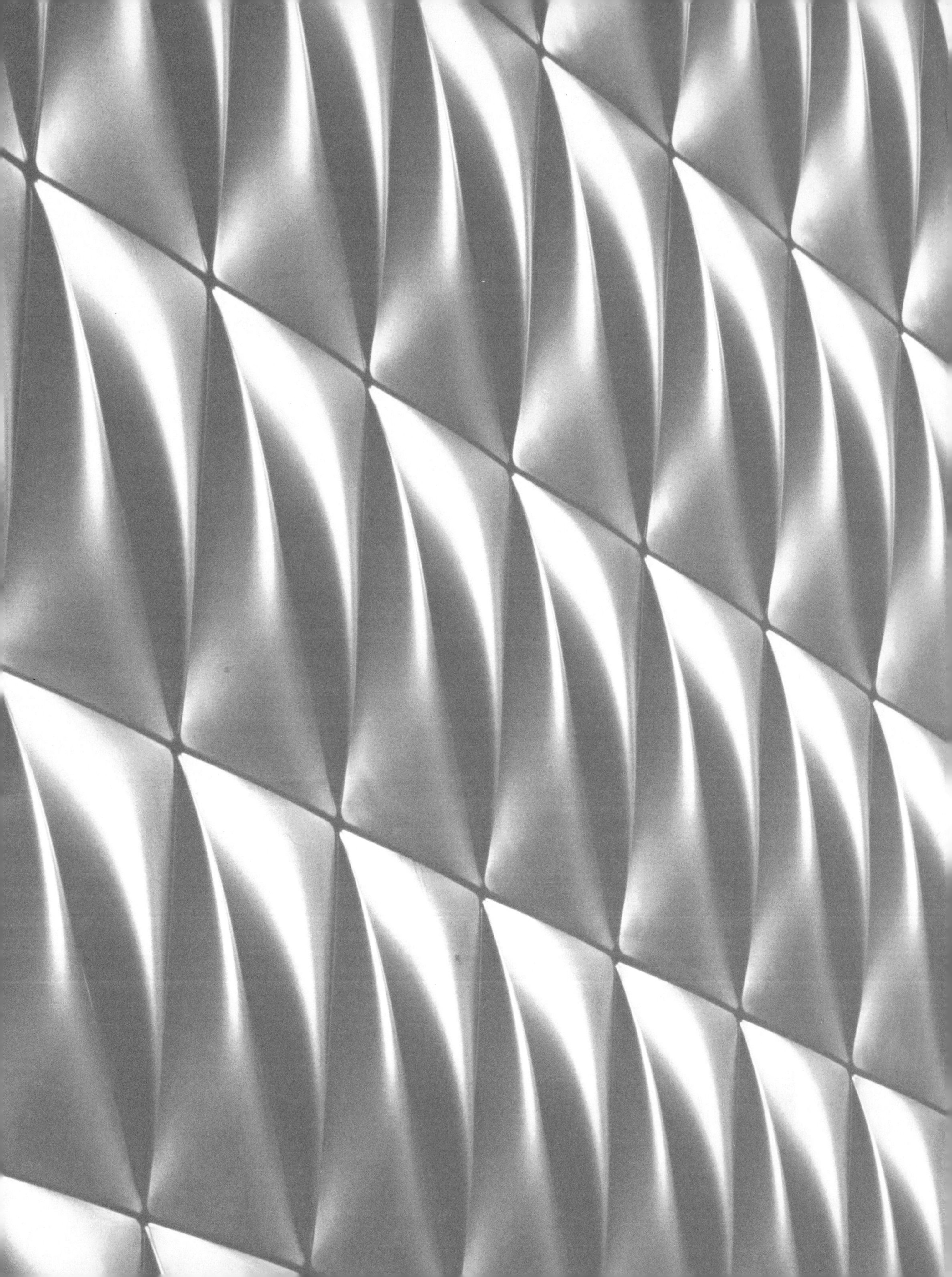